도시빈민의 친구에서 지방의회 15년
지관근의 성남에서 성남찾기

함께 하실래요?
복지요리

도시빈민의 친구에서 지방의회 15년
지관근의 성남에서 성남찾기

함께 하실래요?
복지요리

지관근 지음

유리창

성남에서 성남 찾기

사회복지사가 돼 성남에 온지 30년 됐다. 초반 15년은 도시빈민의 친구로, 후반 15년은 성남시의회 의원으로 활동했다. 대학을 마친 뒤 사회생활을 오롯이 성남에서 한 셈이니 감회가 없을 수 없다.

성남에서 활동 중 아내를 만나 결혼했고 두 아이를 낳아 키웠으니 내 아이들의 고향은 성남이다. 나 역시 충남 서천에서 태어나 대전, 오산 등지에서 학창생활을 보낸 뒤 성남 붙박이로 살고 있으니 성남에 고향 이상의 정이 있다. 성남에서 성남 찾기! 이는 의를 구하고 빛과 소금 역할을 이곳에서 시작함에 하나님께 감사드린다.

올림픽을 한 해 앞둔 1987년 이상락 전의원의 권유로 성남에 왔다. 상계동, 중계동 등지에서 하청공장 노동자로 1년 남짓 생활하면서 도시빈민의 삶을 경험해본 뒤였다. 성남에서 가장 먼저 한 일은 액세서리를 파는 노점상이었다. 올림픽을 앞두고 거리미관을 해친다는 이유로 당국은 툭하면 단속을 벌였고, 힘없는 노점상들은 쫓겨 다니기 일쑤였다. 노점상끼리 연대가 절실했고 선배 활동가들과 노점상연합회를 만들었다.

노점상 조직이 와해되면서 1991년 성남빈민복지상담소를 열었고 얼마 뒤 성남주민복지회로 간판을 바꿔달았다. 성남주민복지회 부설로 명복의전화 사업도 했다. 성남주민복지회는 사단법인 한국참사랑 복지회로 발전해 지금에 이르렀다. 음해, 시기, 질투, 조롱 등 우여곡절이 없지 않았지만 선후배 활동가와 동료들의 열정과 믿음이 나를 복지활동가로 안착할 수 있게 해 주었다.

　정치적인 야심이 있어서 지방의회에 도전한 것은 아니었다. 주로 도시 빈민을 상대로 복지활동을 하다 보니 당국의 관심과 후원이 절실했고, 이왕이면 도시 차원의 복지그림을 그려보고 싶어졌기 때문이다. 아내와는 지방의원을 딱 한번만 하겠다고 약속했으나 그 약속은 지키지 못했다. 어느새 4선 중진이 되었다.

　활동가 시절에는 빈민복지, 노인복지에 치중했다면, 성남시의원이 되면서는 도시재개발, 학교복지, 의료복지, 군 복지까지 관심을 가지고 입법 활동을 해 왔다. 시정 전반에 복지 개념을 도입하려고 노력했고, 어느 정도 가시적 성과가 있었다고 자평한다.

성남에서 30년간 오로지 '복지' 한 길만을 걸어왔다. 하도 복지, 복지 하고 다니니까 별명도 '복지관근'이 됐다. 그 30년을 정리해봤다. 복지 현안에 대한 주춧돌을 놓았다고 자부하지만 다 성공한 것은 아니다. 그래서 책에서는 그 대안을 제시하려고 노력했다. 무엇보다 지방정부와 중앙정부의 인식전환을 촉구했다.

복지문제는 활동가 그룹만 목소리 높인다고 좋아지지 않는다. 시민이 호응해줘야 빛을 발할 수 있다. 그러나 정치권은 당파적으로만 접근한다. 이 역시 시민의 단합된 목소리만이 해결책이다. 당파적 이익이란 고작 권력 다툼에 지나지 않는다. 그러나 복지 혜택은 진보, 보수를 가리지 않는다. 당파적, 정치적 고려보다 복지정책이 윗길에 서야 한다.

청년배당 ,청년수당 정책 등은 지방정부가 나서야 할 일이고 지방의회 의원으로서 지방정부의 한축인 나는 앞장서서 청년문제를 얘기했고, 새로운 정책을 내놓았다. 그러나 이러한 시도를 받아들이는데 인색하게 굴면서 지방정부가 앞서나가는 것에 대해 민감하게 반응하고 방해하는 세력이 있다. 바로 중앙정부가 그렇다. 일단 통제하려는 중앙집권적 관성이 우리에게 익숙하고 빠르게 다가 왔다. 그런 관성 때문에 다른 제도를 받아 들이는 것에 대해 매우 불안해하고 있다. 그러나 이제 시대는 달라졌다. 전환점에 와 있다. 그 전환점의 핵심은 자치분권, 지방분권에 있다. 다양성에 기반한 지방자치가 활성화되어야 한다. 자치와 분권은 복지다. 복지도시, 복지국가로의 도약은 세계적으로도 자연스러운 추세이다. 시민이, 국민이 행복해져야 국가가 건강해진다. 이 책이 가진 의도이다. 여러분들에게도 그렇게 읽히기를 소망한다.

느닷없는 폭염을 보내면서
지관근

한국참사랑복지회가 뭐하는 곳입니까?

비탈진 땅, 성남에 오다_

성남으로 갑시다

빈민운동, 복지운동의 최전선에서 살아왔다. 일에 대한 애정은 넘쳤고 성취에 대한 보람은 많았지만, 믿었던 사람에게, 복지부동한 관료에게 늘 뒤통수를 맞았고 그것을 풀어가는 일은 녹록치 않았다. 그때마다 혼자 되뇌곤 했다.

"나는 왜 이 길로 들어섰는가? 누가 나에게 이 길을 가라고 떠밀었는가?"

그러나 늘 답은 하나다.

"내가 스스로 원해서 결정한 길이다!"

좌절하고 절망할 때마다 더 큰 오기가 생겼던 것 같다. 그러나 세상일이 어디 오기로만 되던가. 나는 끊임없이 자신을 돌아보고 스스로에게 되물으면서 자세를 가다듬었다.

어린 시절은 딱히 기억할 만한 추억이 없다. 아버지는 공무원이었는데 그 시절 남자 어른이 그렇듯 가정적이지도 따듯하지도 않은 엄격하기만 한 분이었다. 충남 서천의 고향은 충주忠州 지池씨 집성촌으로 전형적인 농촌마을이었다. 우리 집은 공무원인 아버지 덕분에 먹을 걱정은 없었지만, 가욋돈은 쓸 엄두도 못내는 소농이었다. 어머니는 출근하는 아버지 대신 농사일을 도맡아하는 억척주부이자 농부였고 자식들에게 자상했지만 늘 외로워 보였다.

아버지 닮아 멋대가리 없는 아들 삼형제뿐이어서 어머니의 외로움을 달래드리지 못했던 거 같다. 나는 막내였는데 어린 시절 얼굴이 썩 밝지 않았던 어머니 모습이 잊히지 않는다.

부모님은 어려운 형편이었지만 내게 싹수가 보인다고 생각했는지 중고등학교를 대전으로 유학시켰다. 그러나 대전 생활은 어린 나이에 망망대해에 홀로 남겨진 기분이었다. 공부는 그럭저럭 잘하는 편이었지만 이유 없이 외롭고 서러웠다.

이때 내가 믿고 의지하는 곳은 교회가 유일했다. 기도를 열심히 했는지는 기억나지 않는데, 또래들, 형 누나들과 즐겁게 어울렸고 봉사활동도 열심히 했다. 이때 막연하게 외로운 사람들, 불쌍한 사람들을 위해 일하겠다는 생각을 종종 했다. 우리 집이 화목하지 않다는 생각, 어머니가 환하게 웃는 걸 본 적이 없다는 생각이 거기에 미친 것이다. 교회 중고등부 활동이 내게는 화목한 가정을 대신해주었던 것 같다. 대전고등학교를 마치고 한신대학교 사회사업학과에 진학한 것은 아마 그 연장선이었을 것이다.

1983년 대학에 입학해서는 학과 공부에 충실하기보다 사회민주화에 더 관심을 가지게 되었다. 군부 쿠데타를 통해 정권을 장악한 전두환 시절 아닌가. 청년이라면 주먹을 불끈 쥐어야만 했다. 그 시절은 다 그랬

대전고등학교 졸업식 날 교문 앞에서 찍었다.

으니까. 물론 그것이 학과 공부와 별개의 것은 아니었다. 사회사업, 사회복지를 배우는 학생으로서 사회민주화를 외면하고 민주주의를 가장한 독재에 부역할 수는 없는 노릇 아닌가. 나는 점차 마르크스-레닌주의를 이념적 사고로 한 학생운동에 빠져들었다. 유신시절부터 민주화 운동의 성지로 알려진 한신대학교 분위기와도 무관하지 않았을 것이다.

요즘은 거리에서 시위를 하지만 80년대는 어림없는 일이었다. 학교에도 경찰이나 정보기관원이 상주해 있었다. 학생들이 십여 명만 모여도 '짭새'라 불리던, 학생이나 교직원으로 위장해있던 기관원들이 달려 나왔다. 그래서 강의실이나 동아리방이 아니라 쉬쉬하며 누구 자취방이거나 중국집 골방에 숨어 사회과학을 공부하고 토론해야 했다.

학생운동 경험과 사회사업, 사회복지라는 전공 특성에 따라 자연스럽게 지역사회 조직사업 쪽으로 진로를 정하게 되었다. 당시 학생 운동권은 노동, 농촌, 문화 등 '현장 투신'을 자연스럽게 여겼다. 방학 때마다 농촌활동, 도시빈민지역 활동 등을 통해 현장 분위기도 익혀둔 터였다. 그래서 졸업도 하기 전인 1987년 서울의 대표적 빈민지역이던 중계동에서 활동을 시작했다.

이때 '달동네 성자'로 알려진 빈민 선교의 대부 허병섭 목사(2012년 작고)를 만나 많은 가르침을 받았다. 허 목사님은 가방공장, 봉제공장 등 하청공장에 취업을 알선해주셨다. 학생 신분임을 감춘 소위 '위장취업'이었다. 당시 기업이나 공장은 학생들이 위장 취업하여 노동자들을 각성시켜 노동조합 결성하는 것을 결사적으로 막았다.
그러나 나는 노동조합을 만들겠다는 생각보다 군 입대 전에 현장 체험을 통해 기층민중의 삶을 이해하고 장차 내 삶의 지표를 찾아보려는 생각이었다. 운동적 삶을 살고자 하는 내게 이념이나 공허한 구호만으로 나를 성장시킬 수는 없을 터였다. 대중과 함께 하려면 그들의 삶을 내 삶으로 받아들일 수 있어야 하지 않겠는가. 대부분의 학생운동권이 노동운동을 택하는 데 비해 내가 빈민 활동에 더 관심이 많왔던 것은 사회복지를 전공했기 때문일 것이다. 20대 초반 나는 소규모 영세 하청업체 노동자가 되었다.

중계동, 하계동 일대에서 활동하면서 서른 세 살의 나이로 영은교회를 통해 빈민 활동을 하던 오영식 목사(전 기독교 도시빈민선교협의회장)를 만났다. 오 목사님은 거처가 없는 내게 교회에서 숙식하도록 도와줬다. 영세 하청업제 노동자로 빈민의 삶을 함께 부대끼며 8개월 동안 생활했다.

그저 머릿속으로만 생각했던 노동자의 삶은 현실에서 더 절박한 부분이 많았다. 솔직히 나에게 노동자로만 살라면 그렇게는 살 수 없을 것 같았다. 나는 한편으로는 노동자이기도 했고, 또 한편으로는 지식인이기도 했다. 나를 어느 하나로 규정할 수는 없었다. 그 때는 왜 그렇게 규정지으려고 하는 것들이 많았는지 모르겠다. 물론 아직까지도 그런 문제들은 운동가들 사이에 많이 남아있다. '노동자의 삶을 어떻게 받아들일 것인가' 하는 문제로 우리는 거의 매일 토론했다. 그것은 결국 운동가를 자처해온 나나 동료들의 딜레마이기도 했다. 사회운동과 사회복지는 형제 같지만 또 다른 측면을 가지고 있기 때문이다.

군대 가기 전까지 잡아두었던 나의 야무진 계획이 현장체험이었지만 결국 군대를 가지는 못했다. 그러나 이때 경험으로 〈한국 도시빈민 실체에 관한 연구〉라는 논문을 쓸 수 있었다.

오영식 목사 소개로 기독교 도시빈민선교협의회를 방문했는데, 거기서 성남 지역 빈민운동의 선구자라 할 수 있는 이상락 선생(당시 기독교 도시빈민선교협의회장, 현 성남시 외국인주민복지지원센터장)을 만났다. 이상락 선생은 오영식 목사와 동갑내기였다. 진로와 지역을 걱정하는 내게 이상락 선생이 말했다.

"성남으로 갑시다."

오영식 목사, 이상락 선생과의 만남을 통해 철거민, 노점상을 중심으로 일하는 빈민 운동가의 길로 들어서게 된 셈이다. 중계동, 하계동 지역에서 빈민운동 수습과정을 겪었다면 성남에서의 활동은 실전이었다.

노점상이 되다

'세상에 이런 도시가 있었나?'

처음 성남이라는 도시에 발을 디뎠을 때 참으로 큰 충격이었다. 평지는 거의 없고 산을 깎아 만든 비탈진 도시였다. 버스를 탔더니 기사가 삐뚤빼뚤한 고갯길을 마치 무슨 곡예라도 부리듯 운전하여 혼이 다 빠질 지경이었다.

성남의 역사는 빈민의 역사였다. 60년대 이후 경제의 양적 성장과 그에 따른 농촌의 몰락으로 서울을 향한 인구 집중 현상이 발생하고, 서울시에서는 도시정비과정에서 발생한 철거민을 해결하기 위한 수단으로 무계획적인 집단 이주, 개발 위주의 도시계획이 이루어졌고, 그 결과물이 70년 '광주대단지' 사건이었다.

추운 겨울에 성남이라는 땅에 들어선 철거민들은 군데군데 천막집,

루핑집을 짓고 살아야 했다. 서울 철거민들은 20평씩 분양해준다는 말만 믿고 성남으로 왔는데, 관에서는 빨리 집을 짓지 않으면 그나마도 회수한다고 윽박질렀다. 길도 없고 상하수도 시설도 안 되어 있는 나대지에 하루에 동네 하나가 생길 정도로 집들이 마구 지어졌다. "여기가 내 집!" 하면 내 집이 되는 그런 우습지도 않은 상황이었다. 성남에 집들이 유난히 다닥다닥 붙어 있는 것은 이런 이유가 있었기 때문이다. 지반도 제대로 다져지지 않은 상태에서 블록으로 집들을 짓다 보니 연탄가스 사고도 많이 발생했다.

어느 해에 장마로 탄천 일대에 이재민이 발생하자, 경기도는 하천부지를 정비하여 이재민을 이주시켰다. 이때 평양 출신 김창숙이라는 건설업자가 재향군인을 데려와 하천부지에 주거단지를 조성했는데, 자신의 고향에 있는 모란봉을 생각하여 '모란'이라 작명했다고 한다. 국내 최대 재래시장 중 하나인 모란시장은 모란단지가 커나가면서 자연스럽게 생겨났다.

성남은 서울이라는 거대 도시에서 밀려난 사람들의 땅이었다. 도시계획이라는 미명하에 살 곳을 찾아 온 사람들, 갈 곳이 없는 사람들의 마지막 도피처였다. 지금의 분당과 판교도 서울의 과잉된 인구를 끌어내기 위한 도시로 만들어진 것이다. 다른 것이 있다면 분당은 서울의 중산층을 수용하는 잘 계획된 곳이라는 것이다. 그래서 굴러온 돌이 박힌 돌을 빼는 식이 되어 버렸지만. 어쨌든 1988년 빈민들의 도시 성남에 들어선 순간, '내가 숨 쉬며 살아야 할 곳이 바로 이 곳이구나'라고 느꼈다. 그렇게 생각하니 비탈진 길들이 오히려 정겹게 느껴졌다. 성남은 내가 살아야하는 이유를 알려준 땅이다.

1970년대 광주대단지 사건 무렵 태평동 주변의 모습. 광주대단지는 상하수도 시설은커녕 택지 조성도 제대로 되지 않은 맨땅이었다. 가구당 천막 한 개씩 던져준 것이 서울시의 지원 전부였다.

광주대단지 사건

1960년대 본격적인 산업화가 시작되면서 정부는 저곡가정책을 폈다. 먹고 살기 힘들어진 농민들이 너도나도 서울로 올라와 저임금 공장근로자가 됐다. 산업화를 위한 정부의 꼼수 정책은 성공했지만, 산기슭과 하천변에 무허가 판자촌이 넘쳐났다. 정부는 도시미관을 해친다며 무자비하게 판자촌을 철거했다. 서울시는 철거민 대책으로 광주군 중부면 일대에 35만 명을 수용하는 택지를 조성하겠다며 신청자를 받았다. 한 가구당 20평씩 평당 2000원에 분양하되 3년 후에 3년 분할로 갚는 것이 조건이었다. 15만 명의 서울시 빈민이 신청했고, 이들은 '두 번 다시 서울로 돌아오지 않겠다'는 각서를 쓰고 1969년 1월부터 서울시가 제공한 트럭을 타고 광주대단지로 이주했다.

그러나 광주대단지는 상하수도 시설은커녕 택지 조성도 제대로 되지 않은 맨땅이었다. 가구당 천막 한 개씩 던져준 것이 서울시의 지원 전부였다. 애초 공장을 지어주겠다고 했지만 말뿐이어서 일감도 없었다. 그 무렵 강남 개발붐이 일면서 투기꾼들이 광주대단지까지 몰려들어 땅값이 천정부지로 치솟기 시작했다. 1971년 7월 주민들은 대책위원회를 구성하고 서울시와 정부에 대지가격 인하 및 분할상환, 구호대책 마련 등을 담은 진정서를 여러 번 냈지만 묵묵부답이었다. 오히려 1971년 총선이 끝나자 정부는 분양증 전매금지와 함께 애초 평당 2000원에 3년 뒤 3년 분할납부 약속을 뒤집고 평당 1만6000원씩 32만원의 땅값을 일시불로 내라는 통지서를 발부

했다. 기한 안에 납부하지 않으면 6개월 징역 혹은 30만원 벌금에 처한다는 무시무시한 통지서였다. 땅값이 오르자 주민들은 안중에도 없는 정부의 생각이 바뀐 것이다.

대책위원회는 투쟁위원회로 바뀌었고, 8월10일 5만 명 이상이 모여 궐기대회를 열어 살인적인 불하 가격 결사반대, 공약 사업 약속 말고 사업하고 공약할 것, 배고파 우는 시민 세금으로 자극 말 것, 이간 정책 쓰지 말 것 등을 주장하였다. 주민들의 총궐기 소식을 들은 서울시장이 방문하기로 했으나 오지 않자 주민들의 분노는 극에 달해 파출소, 출장소 등 관공서를 파괴하며 경찰과 투석전을 벌였다. 사태의 심각성을 깨달은 서울시장이 오후 5시에 주민들의 요구를 무조건 수용하겠다는 담화를 발표했고, 주민들은 6시간 만에 해산했다. 광주대단지는 1973년 성남시로 승격되었다.

개천 따라 흐르던 낭만

지금은 복개공사로 개천이 없어졌지만 내가 성남에 왔을 때만 해도 종합시장을 중심으로 은행동, 모란 쪽으로 개천이 흘렀다. 제2공단이 있는 상대원에서 하대원까지도 개천이 흘렀다.

종합시장 천변은 노점상들의 생업의 주거지가 되었고, 공단 천변을 따라 노동자들의 고달픈 삶의 애환이 개천과 함께 흘렀다. 당시 늘 철야와 잔업에 시달리던 어떤 친구가 "내 꿈은 8시간 일을 마치고 동료들과 맑은 물이 흐르는 이 개천에 발을 담그고 저녁놀을 구경하는 거야."라고 말해 다 함께 먼 산을 바라보며 헛웃음을 지은 기억이 난다.

지금은 다 복개공사를 해서 도로로 바뀌어져 교통은 다소 좋아졌는지도 모르겠지만 그 옛날 삶의 정취는 없어진 것 같아 그때의 모습이 그립기까지 하다. 그 노동자의 소망도 이제는 결코 이룰 수 없는 꿈이 되어 버렸다. 모든 것이 변화되고 발전한다고 해서 다 좋은 것은 아닌 것 같다.

공장에서 일을 마친 노동자들이 고개를 넘어 개천을 따라 동료들과 한 잔 걸치던 곳, 월급날이라도 되면 더 마음 푸근히 술 한 잔 더 기울이며 노랫가락 흐르던 곳이 바로 천변의 포장마차였다. 그것이 성남의 분위기였고, 성남의 운치였고, 성남 사람들의 사는 모습이었다.

나는 노점상이다

성남에 오자마자 시청 앞에서 노점상을 하게 되었다. 내 나이 스물네 살이었다. 지금의 구 시청사 쪽 외환은행 앞 보행로에 노점을 펼쳤다. 성남에서 쭉 활동해온 이상락 선생의 도움이 아니면 노점 자리도 얻지 못했을 것이다. 나는 액세서리를 주로 팔았는데 하루 1~2만원 수입이 고작이었다. 당시 성남의 노점상은 주로 액세서리나 의류, 고구마 등 음식을 위주로 하는 포장마차였다.

종합시장의 천변으로 쭉 늘어서 있는 포장마차도 진풍경이었다. 보는 이에 따라 그것은 운치였지만 눈에 거슬리는 건축물로 보이는 사람들도 있었던 모양이었다. 그래서 단속이라는 것이 있었다.

88올림픽을 앞둔 때여서 단속이 심했다. 내가 도시빈민운동을 성남에서 본격화하던 시기인데, 가난한 노점상들은 쓰레기 취급을 받았다. 외국 손님을 맞기 위해 '도시미관, 거리질서 확립'이라는 캐치프레이즈를 내걸고 단속한 것인데, 포장마차와 노점이 어떻게 우리나라의 치부를 보여주는 것이라고 생각하는지 모를 일이다. 외국의 경우아예 노점거리를 관광 상품으로 만들기도 한다. 예나 지금이나 전시행정, 보여주기식 관행은 달라진 게 없어 씁쓸하다.

처음 노점상 조직은 관에서 주도했다. 언제든 단속당할 수 있는 태생적 약점을 지닌 노점상 아닌가. 조폭들처럼 단속권을 가진 공무원들이 '노점상 협의회'를 꾸리게 했고 어용 간부를 앞세워 정기적으로 상납을 받아온 것이다. 노점상들은 늘 얼마간의 돈을 준비해야 했고, 단속이 나오면 좌판 들고 뛰기 바빠 그날 수입은 아예 기대할 수도 없었다. 울며 겨자 먹기로 상납을 하며 힘겹게 노점상을 꾸리던 이들의 불만이 이만저만 아니었다. 그래서 1987년 성남에서 꾸준하게 빈민운동을 이끌어온 이상락 선생 등이 주도하여 초대회장 임용재를 앞세워 '노점상연합회'가 발족했다. 노점상들은 새로운 자신들의 조직에 절대적으로 공감하고 너나없이 연합회에 가입했다.

성남에 막 들어와 액세서리 노점을 하던 나는 곧바로 노점상연합회 총무를 맡게 되었다. 이상락, 이태영, 서영석, 임승철, 이경표 등과 활발하게 활동했다. 이해재 부시장 재임 중이던 88년 한때 노점상 단속 중지 약속을 받아내기도 했는데 이는 이해재 부시장의 결단이 아니라 88년 6월13일부터 6월16일까지 노점상연합회가 벌인 피의 투쟁 결과였다.

우리는 한동안 열린 공간에서 자체적으로 질서를 지키고 일상프로그램을 진행하였다. 노점상이 쓰는 비닐을 공동구매해서 싸게 공급하는 등의 일상적인 일을 벌여 나갔다. 임승철 목사와 구역별, 지역별 친목회를 구성했고, 무료진료사업도 벌였다. 그래서 서로 친목을 다질 수 있는 기회를 많이 가질 수 있었다. 나 역시 나이 차에도 불구하고 그들과 친하게 지낼 수 있는 기회이기도 했다.

그러나 다시 수시로 단속을 했고, 항의 집회를 조직했지만 노점상 힘만으로는 될 일이 아니었다. 빈민의 연대가 요구되었다. 일자리를 찾는 건설노동자와 주거권을 박탈당한 철거민이 성남지역의 공통된 주제로 빈민이라는 이름으로 상호 연대를 하게 되었다. 그 당시에는 성남지역의 노동운동도 활성화되어 있어서 연대하는 부분이 어렵지는 않았다.

1989년에는 정말 많은 싸움이 있었다. 여기저기 짱돌이 날고 개천 위로 최루탄 연기가 가시는 날이 없었다. 공단에서 풍겨오는 빵 공장의 빵 익는 냄새도 최루탄 냄새를 감당하지 못하는 것 같았다. 집회든 시위 현장이든 낯익은 사람들이 많아져 갔다. 꼭 손잡고 인사를 하지 않아도 누가 누군지를 알 것 같았다. 길을 가다가도 어디서 많이 본 듯하다

1989년 4월 노점상연합회가 발족됐다. 일용노동자와 노점상이 많아 이들의
생존권 문제를 해결하기 위해 반드시 필요한 조직이었다.

하면 영락없이 시위 현장에서 함께 최루탄을 뒤집어썼던 사람이었다.

  오성수 시장이 취임하면서 '노점상 없는 성남시'를 내세우며 싹쓸
이 단속을 시작했다. 폭력적인 현장 단속으로 간부들을 구속, 수배하
였고, 우리는 그 상황에 직접적으로 부딪치게 되었다. 그때가 1989년
으로 올림픽이 끝난 후였는데도 지속적인 단속을 했다. 시장이 내건
구호 속에 죽어나는 것은 자기 기반이 따로 없는 빈민들뿐이었다. 노
점상이 쓰러져 가고, 철거민들이 쫓겨나고, 공장의 노동자들이 위장
폐업으로 일자리를 잃게 되는 것이 당시 성남 빈민들의 현 주소였다.

1992년도에도 저런 포장마차에서 밥과 술을 팔았다.

당시 스물여덟 살이던 서영석 형은 신체장애가 있었으나 장사수완
이 아주 좋아 계절별 반짝 상품을 잘 팔았다.

"관근이 너 학출이라며?"

한창 활동하던 어느 날 영석이 형이 나를 불러 따졌다. 그때까지 조
직에서 내가 학생 출신임을 아는 사람은 몇 없었다. 위화감을 줄 수
있어서 굳이 밝히지 않았던 것이다. 게다가 대부분의 노점상들이 겨
우 초등학교 정도 마친 학력이라 고학력자에 대한 반감도 없지 않았
다. 그러나 영석이 형은 그런 반감보다 가깝게 여겼던 내가 신분을 숨

겼다는 사실에 몹시 서운했던 모양이다. 의리파 영석이 형은 한동안 내게 말도 붙이지 않았다. 나는 형을 볼 때마다 전전긍긍할 수밖에 없었다. 서영석 형은 현재 용인으로 이사하여 여전히 노점상을 지키고 있으나 안타깝게도 간경화 투병 중이라는 소식이다. 건설노동자의 대부이며 현재 건설기능학교장인 이태영 형, 발발이라는 별명을 갖고 작은 서점을 운영하던 임용재 형 등은 노점상 생존권 투쟁과 조직운동을 함께 해온 잊을 수 없는 동지들이다.

부러진 손가락

여의도에서 노점상연합회 전국 집회를 하게 되었다. 큰 목소리로 구호를 유도하기도 하고, 우리의 정당성에 대해서도 주장을 펼쳐 나갔다. 당시 말로 소위 '아지'라고 했는데 현장에서 직접 지휘를 했다. 지금 다시 당시를 재연하라면 그 정도의 목소리와 패기가 나올 것 같지는 않다. 그 때는 전국적으로 노점상들의 생존권 문제가 정말 절박했고, 젊음과 신념과 열정으로 가득 차 있었으니까 가능했으리라. 지금은 열정과 신념이 사라졌다는 것은 물론 아니다. 다만 그 당시의 상황과 지금이 달라졌을 뿐.

국회의사당 진출을 시도하면서 전경과 방어선을 사이에 두고 밀고 당기는 싸움이 있었다. 서로 선을 빼앗기지 않으려고 치열하게 붙는 한판이었다. 우리를 막고 있던 전경이 방패와 방패의 사이, 양모서리에 곤봉을 휘둘렀다. 나는 손가락을 제대로 맞아 뼈가 부서지고 살점이 떨어졌다. 비명 지를 새도 없이 선홍색의 피가 쏟아졌고, 그 아픔이 그대로 전해졌다. 손가락의 아픔이 머리끝까지 찌르르 전해져 왔다. 그리고 바로 분노도 솟아올랐다.

그것을 본 옆에 있던 한 할머니가 담배가루로 지혈을 하고 치마를 찢어서 묶어주었다. 그 때 그 할머니의 바쁜 손길이 아직도 후끈하게 느껴진다. 할머니의 따스함에 분노도 이내 사라졌다. 왜 그랬는지 그 할머니를 보면서 순간 어머니가 떠올랐다. 그리고 내 눈가에는 흐르지 않는 물이 고였다. 손가락으로 전해져 오는 아픔보다 할머니의 따스함이 나를 눈물짓게 했다.

손가락을 다친 상태에서 영장이 나왔다. 입대를 했지만 치료해서 다시 오라고 했다. 어쩌면 불행 중 다행인지도 몰랐다. 나는 굳이 입대를 피할 생각은 없었지만 군대를 갈 수 없다는 것이 계속 노점상을 위해 일하라는 계시처럼 느껴지기도 했다. 손가락을 다친 것은 내 뜻이 아니지 않는가. 어쨌든 군대를 그렇게 저렇게 서너 번 갔다 왔다 했다. 그래서 결국 군대 문턱은 여러 번 밟았지만 군대 밥은 먹지 못했다. 나중에는 방위로도 빠졌지만 총을 쏘지 못하는 이유로 제2국민역으로 군대가 면제되었다. 군대에 가지 않으려고 꼼수를 부린 것도 아니어서 부끄러울 것도 자랑스러울 것도 없었다.

내가 머리 깎은 모습을 보고 노점상들은 속았다고 했다. 어릴 적부터 생김새가 나이 들어 보여서인지 당시 노점상을 할 때가 스물 예닐곱 살이었는데 주변에서 십년을 뛰어넘어 서른일곱 살까지 보는 사람도 있었다. 덥수룩한 머리 모양도 그렇고 해서 다들 나를 나이 든 사람으로 오해를 했었나보다.

그중 서영석 형은 더했다. 그 형은 내가 군대를 왔다 갔다 했다니까 믿을 수가 없는 모양이었다. 기가 막혀 했다. 일부러 나이를 속인 것도 아니고, 생긴 게 그 모양인데 나보고 어쩌란 말인가.

아무튼 그때 노점상 일을 하면서 많은 친분관계를 맺었고, 활동하면서 많은 사람들을 만났다. 아직까지도 그들과 소식을 전하며 살고 있다. 성남에서 제일 재미있었고 마음이 따뜻했던 때라면 그때가 아닐까 생각된다. 거의 매일 사람들과 만나서 술도 마시고, 정담을 나누었다. 사람 사는 것이 복잡하고 힘들어도 이런 맛으로 사는 것이겠거니 했다. 무엇보다 우리가 싸우는 대상과 목적이 같았으니까 더욱 단결할 수 있었는지도 모른다. 대상이 명확하면 오히려 문제가 없는 것이다.

하대원 무허가주택에서 살던 철거민들을 돕기도 했다. 이태영씨와 이강일씨와도 그때부터 호형호제하는 사이가 되었다. 어려움이 있을 때 서로 도와주는 사이가 되었다. 노점상연합회 간부로 있으면서 현장문제를 함께 풀어갔다.

그러나 오성수 시장으로 인해 결국 노점상 조직이 와해되었다. 리어카에 쇠사슬을 몸과 함께 묶고 싸웠다. 치열한 생존권 싸움이었다. 결국 공권력에 밀려 조직이 와해되는 쓴맛을 보게 되었다. 노점상자리까지 박탈당해야했고, 살아남으려는 몇몇 노점상들은 관과 밀착했다. 관에서는 정면에서 싸운 사람들을 빨갱이로 몰아붙이는 작업을 했다.

공무원에게 두드려 맞다

노점상연합회에는 구역별 지회장과 연합회 회장이 있었는데 구역별 지회장들을 시에서 초청했다. 당시 노점상연합회 임용재 회장과 총무였던 나는 시에서 의도적으로 초청을 하지 않았다. 부시장과의 간담회였는데 우리는 들어가겠다, 그들은 들어가지 말라 하며 밀치고 싸우다 회장은 밀쳐지고, 결국 나는 시청 뒤의 창고로 끌려가서 흠씬 두들겨 맞았다. 그 과정에서 허리가 꺾여 병원에 입원하게 되었다. 그때 구역별 지회장들은 구경만 하고 있었다. 회장도 말리다 다쳤다.

회장의 이름으로 부시장을 현장방조 혐의로 고소했다. 회장은 40만 원의 치료비를 받았다. 나는 내 돈 들여서 치료 같지 않은 치료를 했다. 아직도 허리가 완쾌되지 않아 간간이 허리에 통증이 온다. 한 때 "비 온다 빨래 걷어라"는 광고 문구가 마치 내 얘기만 같았다. 공권력에 무력감과 적개심을 느꼈다. 그 때 그 공무원들이 가끔 나를 길거리에서나 시청에서 우연히 만나면 언제 그런 일이 있었냐는 듯이 아주 친절하게 대한다. 사실 하도 많은 사람들에게 맞아서 누구누구가 나를 때렸는지 잘 기억하지는 못한다. 공무원뿐만 아니라 용역도 있었던 것 같다. 주로 말단기능직들이었고, 핵심공무원들은 빠져 있었다.

아직도 노점상은 있다. 그리고 여전히 단속도 있다. 또한 기업형 노점상도 존재한다. 공공근로가 있는데 아직까지도 생계형 노점상이 있느냐고 하겠지만 나름대로 경제적 차이가 있는 것이다.

노점상들과 참 절친하게 지냈다. 생존권 침해에 맞서 싸웠고, 단속에 항의했다. 특별한 목적의식과 생존권의 문제가 결부되어 있어서 그런지 참 끈끈했다. 그들 대부분이 나이가 많아서 나를 자식같이, 막내 동생같이 대해 주기도 했다. 그러나 그들의 삶은 늘 불안했다. 수입도 그랬고, 직업도 그랬다. 결국 나중에는 일상적으로 한 공간에서 만나는 일이 없어졌다. 자영업적 성격도 가지고 있었고, 개별화되기 때문에 끝까지 단결하지 못하는 한계가 있었다. 시청간담회에서 내가 구타를 당할 때도 슬슬 빠지는 기회주의적 모습을 보이는 것도 그들이었다.

이들 삶이 이런 모습이구나, 싶을 때는 솔직하게 서운하기도 했다. 그러나 그들에게는 남의 일에 나서는 것보다 생계가 더 절박했을 것이다. 불의에 맞대응하는 사람도 있었지만, 여러 가지 삶의 질곡 과정으로 찌들은 사람들은 피해가야만 하는 것도 그들의 모습이었다. 그때는 속으로 비겁한 사람들이라고 그들에게 실망했다. 그러나 지나고 보니 그들 또한 정말 살아가는 과정 중의 우여곡절로 받아들일 수밖에 없었다. 좋지 않은 모습이었으나 어쩔 수 없었다. 명분과 정의보다는 목구멍이 포도청이라 당연한 모습일지도 모른다.

결코 그들을 원망하지도 않고, 그럴 생각도 없다. 내가 그 처지였더라도 충분히 그럴 수 있을 테니까. 노점상을 하면서 손가락을 다치고, 허리도 다쳤지만 나는 동료 노점상들에게 어떤 의미로든 분노하지 않으려고 노력했고, 그것을 내세우지도 않았다. 그들은 나보다 더한 고통 속에서 살아가고 있었으므로.

노점상을 쓰레기 취급하는 단속

노점상은 시청 외환은행 앞쪽에 자리를 잡고 있었는데 주로 액세서리 종류가 많았다. 하루 2만원을 벌면 많이 버는 것이었다. 종합시장 일대에는 천변을 끼고 포장마차가 주류를 이루었다. 단속이 나올 때는 곡괭이나 낫을 들고 와서 포장마차를 찢고 부수고 했다. 한마디 경고도 없었다.

노점상연합회가 구성되기 전에는 주로 상납행위가 이루어졌다. 노점상 친목회라는 자체 모임을 통해 공무원에게 뇌물을 주었다. 단속 공무원의 금품수수사례는 많았으나 진술을 하지 않아 증거를 잡을 수는 없었다. 그저 공공연한 비밀에 붙여졌을 뿐이다. 노점상연합회의 조직 전에는 일부노점상과 공무원의 유착관계가 있었다. 그러나 노점상연합회를 조직하면서 많이 없어졌다.

한 번은 오성수 시장이 직접 현장에 나와 단속을 지휘할 때였다. 포장마차를 하는 아주머니 한 분이 단속 공무원이 나오자 몸을 쇠사슬로 묶어서 저항을 했다. 그 아주머니는 남편이 맹인이어서 혼자 살림을 꾸려가고 있었다. 그러자 공무원들은 쇠사슬절단기를 가지고 와서 쇠사슬을 뚝뚝 끊었다. 포장마차를 부수고 아주머니까지 차에 실었다. 한 인간을 다루기보다 완전히 쓰레기 취급을 했다.

'노점상 없는 깨끗한 도시를 만들자'는 시장의 방침을 각 언론에서 받아썼고 그것이 민심인양 폭력적인 단속을 벌였던 것이다. 인간의

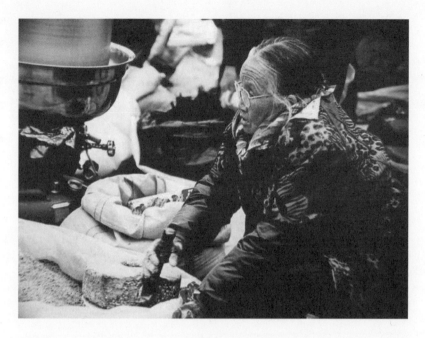

성남시와 성남경찰서는 86아시안게임을 앞두고 전통 5일장 재래시장인 모란시장을 철거할 계획도 세웠다. 그러나 시민단체의 반발로 백지화됐다.

존엄성 말살은 물론 아예 인간 취급도 하지도 않았다. 그 결과 깨끗한 도시가 됐는지는 모르겠지만, 역사에는 오점으로 기록될 것이다. 오성수 시장은 결국 좋은 시장의 이미지로는 성공을 보지 못했다.

그 당시 노점상들은 다른 도시에서 노점상을 하기도 하고, 형편이 나아져 가게를 운영하는 사람도 있고, 시에서 재래시장 입주 자격을 받은 사람도 있다. 옛날만큼 많지는 않아도 이면도로에서 장사를 하는 노점상들도 존재한다. 젊은 사람들도 있지만 주로 노인들이 많다. 아직도 단속 차량의 마이크 소리를 듣고 대야를 이고 뛰는 나이든 아주머니들의 모습이 주마등처럼 지나가고, 잠시 후면 코끝이 찡해지는 것을 느낀다. 어쨌든 나는 나이 든 사람들과의 인연은 어쩔 수가 없었다.

달나라 착륙

복지의 시작

노점상이 와해되고 한동안 힘들었다. 내가 성남에 와서 처음으로 빈민운동을 하겠다고 시작한 일이었는데 남은 것은 손가락 장애와 허리 장애가 된 것뿐이었다. 물론 가장 중요한 것은 사람들과의 만남이었고, 그들과 함께 있지 않아도 그들의 마음을 알 수 있었다. 노점상을 직접 하고, 노점상 조직운동을 하면서 참 많은 것을 배웠다.

1991년에 '성남빈민복지상담소'를 설립했다. 이상락 선생이 소장을 맡고 내가 사무장이 되었다. 주로 전세 사는 세입자들의 생활법률 문제나 철거문제를 조직하고 지원하는 일을 했다. 이용원, 이태영, 천용욱 신부, 이재명 변호사, 김광수 목사 등이 창립회원이 되었다.

500만원의 임대보증금으로 은행동에 사무실을 얻었다. 사회복지와 관련된 활동은 하지 못하고 현장에서 생존권싸움을 주로 할 수밖에 없

성남 빈민운동은 이 상담소에서 비롯되었다.

었다. 생활법률상담도 제대로 이루어지지 않았다. 교육과 조직 활동이 주가 되었다. 그 당시 다른 단체들도 그랬지만 우리도 사무실을 유지하기에도 급급한 실정이었다.

은행2동의 주민조직으로는 하늘어린이집과 상담소가 연대 활동을 했다. 주로 무허가지역의 벌금문제가 많았는데 변상금 부가에 따른 해결과정에 개입했다. 이런 과정에서 빈민지역의 아동, 여성, 청소년 문제를 몸소 느끼게 되었다. 노점상이라는 상대적 빈곤인구뿐만이 아니라 그들과 관계된 삶의 모습을 직접 확인할 수 있었다. 우리가 현실에서 함께 부딪치는 사람들은 대부분 노동자, 노점상, 철거민, 그리고 그들의 가족이었다. 이제는 그들이 살고 있는 생활의 현장에서 활동을 하는 것 외에 크게 달라진 것은 없었다.

평생 동지, 아내를 만났다

이 무렵 아내 권금숙을 만났다. 경원대학에서 '영유아보육법제정의 필요성'을 주제로 성남여성노동자회 등 각 분야 시민단체가 모여 토

1989년 주거환경개선사업 이전의 은행2동 모습이다.

론회를 열었는데 그 자리에서 여성노동자들의 육아에 대한 부담에 대
해 날카롭게 발언하는 권금숙을 처음 보았다. 당시 아내는 탁아운동
에 앞장 선 탁아소 교사였다. 그때 나는 성남빈민복지상담소 운영위
원을 조직하고자 각 분야별 인재를 찾고 있었다. 건설노동 분야, 장애

인 분야, 탁아운동 분야 등의 인재를 찾아다니다가 마침내 권금숙을 발견한 것이다. 우리는 일 때문에 자주 만났는데, 당사자인 우리는 무덤덤했지만 주변에서 선남선녀가 일만 하지 말고 연애도 좀 하라며 부추겼다.

얼마 후 나는 이모의 소개로 여섯 살 연하의 여성과 맞선을 보았다. 서로 취향이 아니었는지 소위 '애프터'도 없이 헤어졌다. 며칠 뒤 권금숙을 만났는데 그때부터 이전과 달라 보이기 시작했다. '아, 이 여자라면' 하는 생각을 하게 된 것이다. 둘 다 혼기가 꽉 찬 나이였으므로 결혼에 대한 얘기를 나누다가 우리는 사랑에 빠졌다. 공단 골목에서, 남한산성에서 남의 이목을 피하며 데이트를 즐겼다. 아내는 과감한 구석도 있고 생활력도 강하며 자존심이 센 여성이다. 우리는 1993년 결혼했고 더 끈끈한 동지가 되었다.

레스토랑 사장이 됐지만

그 당시에 은행동을 달나라라고 불렀다. 보통 달동네라고 부르는데 달나라라고 부르니 동네에 더 애정이 갔다. 달나라의 삶은 빈곤한 삶이었다. 마당이라고는 찾아볼 수도 없고, 담으로 다닥다닥 붙어서 몇 집 건너 싸우는 소리까지 들릴 정도로 숨쉬기도 힘들게 구성된 곳이 달나라였다. 지금은 달나라가 개발 바람이 불어서 빌라나라가 되어버렸지만.

은행동에서의 활동은 지역사회 단위를 구체적으로 이해해가는 과정이 되었다. 나로서는 새로운 현장을 배우는 기회였다. 실무자도 1명 있었는데 사회사업전공자는 아니었지만 일은 야무지게 잘했다. 그러나 생계도 막막해 무엇보다 돈을 벌어야 했다. 그래서 돈을 구해야했는데 가정으로 눈을 돌릴 수밖에 없어 큰형에게 그 때 돈으로 2000만 원을 얻고, 신협에서 대출을 받아 '사람사랑'이라는 레스토랑을 2년 정도 운영하게 되었다.

빈민복지상담소 운영자금을 충당하기 위해 레스토랑을 열었지만 지역에서 활동하는 사람들의 아지트가 되었을 뿐 매출에는 큰 도움이 되지 않았다. 외상과 공짜가 많아 현상유지를 겨우 하다 결국 팔아넘길 수밖에 없었다. 어쩌다 상담소 운영비는 나왔지만 위태위태한 상황을 지나 더 이상 유지할 수가 없었다. 식당 하나를 운영하더라도 분명한 자기 역할을 필요로 하는 것이었다. 확실한 사업가도 아니고, 사업보다도 사회 운동에 것에 주안점을 두게 되니 어쩌면 실패가 당연한 결과였다. 한동안 나는 어설픈 사업가였지만 아무래도 돈 버는 재주는 없었던 모양이다.

공부방 운영, 생활정보지 영업사원

은행골지역모임도 갖게 되었는데 상담소, 하늘어린이집, 천주교 메리놀공동체, 공부방 등 약 15명 정도의 사람들이 함께 지역사업을 해나갔다. 그런데 활동가들이 은행2동으로 집중되어 있어서 다른 지역으로 옮길 생각을 하게 되었고, 성남의 또 다른 빈민지역으로 가지구인 중동으로 옮겼다.

중동으로 이전해서 '까치 공부방'을 운영했다. 후배가 방과 후 교실을 맡아 주었다. 그러나 여전히 재정문제를 해결하지 못했다. 결국 1년 하다 문을 닫았다. 활동하는 사람에겐 언제나 생계문제가 가장 큰 걸림돌이 되곤 했다. 결국 생계 때문에 활동을 접어야하는 동료들을 많이 보았다. 전면적으로 생계를 책임지지도 못하고, 그렇다고 활동을 접을 수도 없는 난관에 부딪치게 되는 것이다. 현재도 시민단체에서 상근하며 활동하는 간사들의 활동비가 말 그대로 활동비에 지나지 않으니 문제라 하지 않을 수 없다.

94년부터 생활정보지들이 우후죽순으로 생겨날 즈음 모 생활정보지 광고기획부장으로 들어갔다. 영업부 직원이라 탄력성 있게 활동할 수 있었다. 당시는 그 곳이 적자운영을 하고 있었는데, 내가 들어가 2년을 근무하면서 활성화를 시켜놓았다. 한 달에 2000만 원 가까운 돈을 수금해왔다.

초봉이 60만원이었는데 실무자 2명의 월급을 주고, 상담소를 운영하고 나머지 20만원으로 내 활동비를 썼다. 그러나 한계가 있었다. 경제적 어려움은 결코 극복되지 않았다.

광고주들을 접하고 사귀는 과정에서 또 다른 세계를 경험했다. 지역에서 사업하는 여러 분야의 다양한 사람들을 만났다. 운동을 하면서 사람들을 대상화해서 보다가 다른 관점으로 바라보니 내 시야도 더 트이는 것을 느낄 수 있었다. 지역경제의 흐름도 파악할 수 있었고, 활동의 폭도 넓어지게 되었다. 정말 좋은 경험이었다. 보다 다양한

성남빈민복지상담소는 '빈민복지'라는 제한된 명칭의 한계를 느끼고 '성남 주민복지회'로 바꿨다. 빈민에 한정하지 않고 노인을 비롯한 주민들의 인권에 더 많은 관심을 가지려는 뜻이었다.

사람들을 운동의 관점으로 이끌 수 있었고, 그것은 이후 시민운동의
발판이 되기도 했다.

우리는 빈민복지라는 제한된 이름에 한계를 느끼고 명칭을 '성남
주민복지회'로 바꿨다. 변화된 사회에서는 또한 그때에 필요한 이름
과 활동이 주어지는 것이었으므로. 그 무렵 나보다 네 살 위인 권혁식
형이 복지회 실무자로 합류했다. 그는 젊은 나이에 사업하다가 부도
내고 건설 일용노동자, 즉 '노가다'로 살면서 복정동 인력시장을 중
심으로 건설일용노동조합 추진위원장을 지내다가 빈민복지운동으로
옮겨 온 것이다. 약간의 뺑도 없지 않았지만, 의리파로 궂은일을 마다
하지 않았던 실천가이다. 오래 함께 일했던 권혁식 동지!

명복의 전화

임종에서 입관까지

2000명의 노점상 회원이 있었는데 그들은 대부분 고령층이고, 기술이 있다거나 자본이 있는 사람들이 아니다. 그들을 조직하고 활동을 함께 하다 보니 자연스럽게 가족사를 알게 되었고, 상갓집을 자주 다니게 되었다. 죽음은 누구에게나 닥쳐오는 것이고 노점상 회원들의 가족도 마찬가지여서 장례를 둘러싼 부정적인 문제점들을 함께 느꼈다. 장례 비리는 주로 장의업체의 폭리 문제였는데 도시 빈민들에게는 큰 고통으로 다가왔다.

"마지막 가시는 길인데 좋은 걸로 해 드려야지요."

장의업체는 상주의 눈물을 이용해 마지막 효도임을 강조하면서 싸구려 장의용품을 고가에 팔았다. 게다가 저학력에 경제적 약자인 빈민들은 장의용품에 대한 어떤 정보도 있을 리 없었다. 알고도 속고 모르고도 속는 것이다.

1995년 몇 동지들과 상의하여 '명복의전화'를 개소했다.

'임종에서 입관까지 철저한 서비스 정신으로 도와 드립니다.' 라는 슬로건과 함께 상례의 과소비 추방과 상례문화의 올바른 정착이라는 취지로 '명복의전화' 간판을 올린 것이다. 결코 돈벌이를 목적으로 하지 않았다. 우리는 장례 전반에 관한 지식을 갖추기 위해 전국장의사 연합회에서 교육을 받았고, 보건복지부에서 위탁한 기관에서 염사교육을 받았고, 공무원 연수원에서 교육을 받았다.

그런데 기존 장의사들이 자기들의 영업권에 피해가 있다며 방해를 놓았다. 교육을 시작한지 얼마 되지 않아 갑자기 염사시험을 보겠다는 것이다. 이튿날 교육 후 시험을 치른다고 했다. 교육과정이라고 해봤자 인형 하나 갖다놓고, 잠깐 보여주고 시험을 보겠다는 것인데 어느 누구에게도 염사 자격증을 주지 않겠다는 것과 다름없었다. 우리 뿐 아니라 각지에서 염사교육을 받으러 온 교육생들이 분노했고 보이콧하겠다는 움직임이 있었다. 전경들이 에워싼 상황에서 시험을 본다는 것인데 나도 보이콧에 참여하면서 MBC에 어처구니없는 행태에 대해 제보 전화를 했다. 취재가 나왔고, 농성자들이 인터뷰를 했다. 2주 후에 PD수첩에 방영이 되었지만, 결국 우리는 염사자격증을 받지 못했다.

전국에서 문의전화

'명복의전화'는 주민복지회의 부설기관으로 따로 운영위원을 구성했

회원제로 운영한 명복의전화는 '회원의 날'을 정해 잔치를 열고 흥겹게 보냈다.

다. 김순복, 서영석, 권혁식, 이상락, 김정심, 권금숙 등으로 초기멤버를
구성했는데, 지역에서 나름대로 뜻있는 일을 하는 사람들이었다. 운영
위원이라고 해서 운영에 책임을 질 만큼 부자들도 아니었고, 사실 돈
될 만한 사람은 없었다. 실무자로는 강영규, 박정애씨가 수고를 했고
자원봉사자로 남광우씨가 열심히 도왔다. 주로 내가 근무하던 생활정
보지에 광고를 내서 움직였다. 전국에서 문의전화가 왔다. 그동안 장
례에 관해 얼마나 많은 비리와 폭리가 있었는지 문의전화가 폭주하는
것만 봐도 알 수 있었다. 새로운 도전이었다.

새벽 서너 시부터 시도 때도 없이 전화가 왔다. 회원제로 운영을 했
는데 장례비용 40% 이상 할인혜택을 볼 수 있었다. 사실 장례용품에
엄청난 폭리를 취하는 일이 빈번했는데 우리는 공장에서 직접 용품을

사왔다. 300~400만원 되는 비용을 100만 원 정도에 공급하며 친절하게 서비스를 했다.

그때 권혁식 씨가 참 고생이 많았다. 건설일용노조에서 위원장으로 일하다 주민복지회에 들어왔는데 장례용품 챙기랴. 수도권일대 돌아다니랴, 정신이 없었다. 우리 밥벌이로만 생각하고 욕심을 냈다면 참 많은 돈을 벌었을 것이다. 우리는 적은 돈이라도 일정 수입이 있으면 나눠쓰곤 했다.

염사는 한 할아버지를 소개받았는데 수진동에서 장의사를 했던 천주교인이었다. 처음에는 우리의 좋은 뜻에 동의하는 줄 알았는데 알고 보니 중간에서 장례용품에 대해 자기 마진을 톡톡히 붙여서 우리에게 넘겼다. 한 달 내내 장례만 쫓아 다녀 건수는 많았지만 중간에 떼 먹는 사람이 있어서 우리 마진은 적었다. 그 할아버지를 고용했던 장의사는 결국 우리와 분리되었고, 우리가 잘 되는 것을 보고 '낙원의 전화'라는 장의업을 개업했다.

3년 정도 '명복의전화'를 운영했다. 성남이 주로 비탈에 있어서 가정장례보다 병원장례가 많을 수밖에 없었는데 상주가 장례용품을 개별적으로 선택하면 병원 영안실에서 몹시 싫어했다. 그들도 장의용품을 팔아서 운영하는 형편이니 심할 경우 나가라고까지 했다. 어쩔 수 없이 병원 장례의 폭리를 쳐다보며 당할 수밖에 없었다. 그래서 수의와 관 정도는 가져갈 수 있게 접근을 했다. 장례를 영안실에서 치르기 때문이다.

모든 것이 다 갖추어진 상태에서 일을 하면 좋겠지만 그럴 형편이 되지 못했다. 좀 더 의욕적으로 일하려는 욕심에 버스를 샀는데, 너무 무리한 탓에 한 달 만에 팔아야 했다. 나중에는 신협 대출도 감당할 수 없어서 '명복의전화'를 신협에 넘겼다. 신협 빚은 우리 실무자들이 몇 년에 걸쳐 고스란히 갚았다.

지 서방은 무슨 일을 하니?

"밤길 조심해라. 네 배는 칼이 안 들어가느냐."

'명복의전화'를 하면서 기존 장의사들로부터 참 많은 협박전화를 받았다. 차마 입으로 담을 수조차 없는 욕설과 협박에 시달려야 했다. 전화를 집으로 연결해 놓은 권혁식씨는 신혼 초였는데 참 어처구니없었을 것이다. 달콤해야할 신혼이 밤마다 협박에 시달려야 했으니, 먹고 살자고 하는 일이었으면 아마 당장 그만두었을 것이다.

나는 생활정보지 회사에도 더 있을 수가 없었다. 회사 규모가 커지자 직원이 늘어났고, 노조를 만들려는 움직임이 있었다. 사장도 노조 설립 움직임이 구체화되자 정색을 하고 눈을 번득였다. 사장은 나에게도 적대감을 드러냈다. 직원들을 위로하는 차원에서 짜장면을 사준 적이 있는데 그것이 사장의 심기를 불편하게 만들었다. 노조 설립에 내가 협조적으로 나간다는 것이다. 회사 서열로 볼 때 내가 사장 다음의 2인자 격이었는데 사장 편을 들어주기는커녕 직원을 부추겼다는 것이다. 결국 사표를 냈다.

퇴직 후 나름대로 경험도 있고, 자신감도 생겨서 몇몇 사람들과 〈성남사랑방〉이라는 생활정보지를 창간했다. 그 때는 마침 생활정보지가 우후죽순처럼 생겨나고 있을 때였다. 생활정보지 경험을 충분히 쌓았다고 생각한 나는 내가 하면 더 잘 할 수 있을 것 같았다. 그러나 쉬운 일은 없었다. 문제는 수금이 되지 않아 더 버틸 수가 없었다. 그 때는 나도 결혼을 했던 터였고, 어렵다보니 상대원에서만 이사를 다섯 번이나 다녀야했다. 그나마 그것도 빚만 남기고 접어야 했다. 나는 정말 돈 버는 것과는 인연이 없는 것이 아닌가 생각되었다.

'명복의전화'를 하면서 황당했던 일이 있었다. 어느 날 장모님이 모처럼 우리 집에 다니러 오셨는데 새벽 2시에 전화가 왔다.

"지 서방은 무슨 일을 하기에 이 새벽에 나가?"

사실 내가 하는 일을 처가에는 숨기고 있었던 것이다. 아내의 집안은 안동 권 씨로 양반이라는 자부심을 가지고 있었다. 나와 결혼 이야기가 있을 때도 내가 천한 성씨라는 이유로 반대했었다. 장의사라는 직업에도 마찬가지로 그런 편견이 존재하고 있으므로 숨길 수밖에 없었다. 더군다나 새벽에 나가는 내 모습을 보고 장모님의 의구심은 커져만 갔다.

"지 서방이 하는 일이 늘 그렇지. 어려운 사람을 돕는 일. 갑자기 누가 돌아가셨나 봐요. 지 서방이 가보지 않으면 장례 치르기도 어려운 집인가 봐요. 다들 지 서방만 바라보고 있으니 어떻게 해."

아내가 남편을 잔뜩 포장해서 설명했다지만 그때 장모님이 무슨 생각을 하셨는지는 아직도 알 길이 없다.

'자신의 최후의 모습을 그려보고 당당한 사람들이 세상에 몇이나 있을까?'

사망 후 가정방문을 해보면 여러 가지 모습을 볼 수 있다. 평안하게 죽음을 맞이한 분은 자세도 바르다. 고통스럽게 죽음을 맞이한 분은 고통의 마지막 순간 모습 그대로 굳어버린다. 그것을 보면서 '나는 어떤 모습으로 세상을 마감할 것인가'를 떠올리다 보니 마음이 숙연해졌다.

죽음이란 것을 떠올리다 보면 세상과 내 자신에 대해 다시 한 번 생각하게 된다. 많은 사람들이 죽어서 어떻게 될 것인지 궁금해 한다. 그래서 많은 사람들이 종교에 의지해서 사는가 보다. 장례 사업을 하면서 여러 번 생각해보았지만 뚜렷한 결론은 나지 않았다.

염사 보좌를 하면서 그 작업을 보고 있노라면 생이란 저런 것일까 자문을 하게 된다. 시신을 똑바로 하다보면 팔을 문지르기도 하는데, 우두둑 뼈 으스러지는 소리가 나기도 한다. 지환을 심하게 앓다가 가신 분은 냄새가 나는 경우도 있었다. 예민한 성격이 아니어서 시신을 보면서 무섭다는 느낌은 가져보지 않았다. 그런데 가끔 꿈에 나오는 때도 있었다. 나도 인간이기에 완벽하게 죽음에 대한 두려움은 떨칠 수는 없었던 모양이다. 그나마 나는 주로 물품을 배달하는 일을 담당했기에 일거수일투족을 다 모르고 간접경험을 할 뿐이었다. 주로 새벽에 사망했을 때 염하는 사람이 먼저 방문을 한다.

한 번은 분당에서 전화가 왔다. 정자동에서 혼자 사는 할머니였는데 돌아가신지 이틀이 지나 이웃이 발견을 해서 전화를 한 것이다. 돌봐주는 사람도 없는 무의탁노인이었다. 그 분이 천주교인이어서 성당에서도 관계자가 왔다. 천주교 쪽에서는 200만원의 장례비용을 산출했지만, 우리는 그 돈을 받지 않고, 국가에서 나오는 장례비 30만원 정도로 그 할머니의 장례를 치러주기로 했다. 그 할머니가 사시던 아파트 동은 현대판 고려장이라고 불리는 곳이었다. 고층에는 혼자 사는 노인들이 대부분이었다. 분당이라는 신도시에도 버려진 노인들이 살고 있다는 사실이 아이러니하게 느껴졌다.

우리의 상례 절차를 보던 옆 동 사신다는 한 할머니가 자신의 장례도 나중에 '명복의전화'에서 맡아달라고 부탁했다. 우순자라는 할머니였는데 아들은 미국에서 은행에 다니고 딸은 독일에 있다고 했다. 혼자서 쓸쓸히 가신 동료 할머니를 보시면서 자신도 그렇게 될까 봐 두려웠던 모양이었다. 평생을 자식을 위해 살아오신 분들이 임종을 맞이할 때는 아무도 없이 허망하게 떠나시는 것이었다. 인간이란 결국 모두 외로운 존재라고 말할 수밖에 없다더니. 우리는 우 할머니에게 그렇게 하겠다고 약속을 했다.

그 때의 인연으로 우 할머니께는 참사랑복지회에서 꾸준히 가정봉사원을 파견했다. 우 할머니는 다른 노인들과 함께 항상 나를 찾는 노인이 되었다. 만나면 담배도 사주시고 먹을 것도 챙겨주셨다. 참사랑복지회에서 '효 나들이' 행사가 있을 때도 항상 참석하시는데 박카스와 담배를 꼭 챙겨 오시는 할머니셨다. 한 번은 나에게 냉면이 드시고 싶다고 사달라고 했다. 그 약속을 1년이 지나서야 지켰다. 할머니는 냉면보다 설렁탕이 드시고 싶다고 해서 설렁탕으로 약속을 지키게 되었다. 자식들이 외국에 있어서 그런지 그 그리움을 나에게 쏟는 지도 몰랐다.

우 할머니를 보면서 내 자신을 많이 되돌아보았다. 나 역시 치매로 고생하시는 할머니가 계셨고 홀로 사는 어머니도 계시는데 그 분들을 외롭게 하지는 않았나 새삼스레 반성이 되었다. 우리 직원들도 다들 노인 복지한다고는 하지만 자신들의 집안은 그렇게 챙기지를 못한다. 다만 '이 할머니 할아버지가 내 부모님이겠거니' 하면서 다른 노인들에게 최선을 다할 뿐이다. 예전부터 지금까지 참사랑복지회 안에서 재가노인복지사업을 하고 있는 것도 어쩌면 '명복의전화'를 통해 얻은 경험과 지식이 노인 복지 사업으로 집중할 수 있는 계기가 되었는지도 모른다.

사람들은 자기가 늙어서 어떤 모습으로 살고 있을 것인지에 대해 많은 생각들을 하지 않는 것 같다. 사실 나도 딱히 '이 모습일 것이다'라고 떠오르지는 않는다. 다만 어머니를 보면서 그렇게 외롭게 살지는 말아야겠다고 생각했던 적이 있었고, '명복의전화'를 하면서 종종 나의 노년에 대해서 생각을 해보았다. 대부분의 젊은 사람들이 노년을 생각할 때 경제적 부분을 제외한 나머지 구체적인 부분에 대해 생각하지 않는 것 같다. 정말 많은 사람들이 심도 깊게 생각했다면 지금의 노인 문제도 많이 달라져있을 것이다. 나는 지역에서 빈민들과의 짧은 경험을 통해 성남의 지역복지, 노인복지의 정체성에 대해 많이 고민했다.

노인의 한을 발견하라

'노인 복지의 핵심은 무엇인가. 시설 좋은 복지관? 양로원? 정부의 복지정책? 아니야, 다른 게 있지…'

정부의 복지정책만을 바라보는 것은 사실 현실적이지도 못하고, 그것은 아니라고 생각되었다. 가장 중요한 문제는 그들의 한을 푸는 것이다. 그렇다면 한을 어떻게 푸느냐가 또 문제다. 7~80년의 인생을 살아온 노인들의 삶의 과정에는 누적된 한이 있다. 심리적, 정서적, 육체적, 경제적 여러 문제의 한이 쌓여 있다. 한때는 가정에서, 사회에서 주역이었던 그들이 이제는 뒷전으로 물러나 지난날을 회상이나 하면서 살아갈 수밖에 없는 상태로 있다. 그러한 노인들의 문제를 공적기관을 통해 얼마나 풀어낼 수 있는가? 비공식적인 부분은 어떻게 해결할까? 참 많은 고민을 했다.

가정봉사원 교육을 할 때 나는 노인의 한을 발견하는 일에 중점을 두어 교육을 했다.

"노인은 누구에게나 한이 있다고 생각하고 하찮게 생각하기 쉽습니다. 그러나 한 분 한 분 얘기 들어보면 각기 다른 한을 발견할 수 있고, 그래야 맞춤형 봉사가 가능해집니다."

젊은 사람들이 어떤 긍정적인 자세로 노인의 삶을 접근할 것인가도 문제였다. 나 역시 노인에 대해 이해하는 부분이 연령과 경험에서 부족하다고 느꼈다. 우리 부모님 세대, 즉 노인 세대가 걸어왔던 세월을 개별화된 문제로 풀어낼 수도 있을 것이다. 공적기관이나 비공식적인 자원봉사자가 도움을 주는 형식이어야 할 것이다. 그리고 어떻게 푸느냐의 고리를 만들어 주는 것이 노인복지의 과제라고 생각한다.

내가 노인복지를 생각하게 된 것은 노점상들이나 지역에서 부딪친 사람들이 다 연령대가 높은 사람들이었기 때문이다. 내가 20대 중반 이전 시절부터 노점을 통해 그들과 접촉하면서 많은 사람을 만났고, 문화나 정서적인 차원으로 그들과 공유하는 일이 많아졌다. 노점상 가족의 상갓집 방문, 노인과 그 노인의 죽음을 바라보면서 노인문제에 대해 쉽게 접근할 수 있었다.

내가 아는 대부분의 노인들이 돈도 없고, 나나 활동가들 역시 재원 부족으로 양로시설로는 접근하지 못했지만 지역사회 빈민들의 문화와 가난한 노인층을 접하면서 성남에서 처음으로 가정봉사원 파견사업을 시작하였다. '명복의전화'를 통해 가정봉사원이 필요함을 느꼈고 직접 시도하기에 이르렀다. 그다지 큰 재원이 필요하지 않기 때문에 접근 가능한 부분이었다. 다섯 평쯤 되는 공간만 있더라도 가능한 일이었다. 경치 좋은 장소에 최신 시설을 가지고 노인들을 수용하는 곳이라면 자금소요가 많겠지만, 지역 안에서 서비스, 가정봉사원을 통해 재택서비스를 하는 것은 노인들에 대한 공경심만 가지고도 할 수 있었다.

가족기능을 대신하는 노인복지

그래서 가정봉사원을 모집해 교육했다. 한정된 서비스의 양로원보다 자원봉사자만 있으면 서비스의 대상자가 확대될 수 있었다. 격리된 수용시설 없이 일반인과 함께 적극적인 서비스를 할 수 있었다. 저비용 고서비스라고나 할까. 가정봉사원을 보내면서 노인들의 삶의 질을 높이고, 전체 사회복지 흐름도 높일 수 있었다. 물론 가정봉사원을 자원하는 분들의 희생과 봉사정신이 있어서 가능한 일이다.

그러나 정보도 사례도 없다보니 고민되는 점도 한두 가지가 아니었다. 지역사회 안에서 운동을 통해 비용을 적게 하고, 효과를 높일 수 있는 방법은 없을까 고민하였다. 그래서 복지운동에 변화를 주는 지역사회 운동의 한 방법으로 택하게 된 것이 바로 재가노인복지서비스였다. 그렇다고 개인적으로 큰 노하우를 쌓을 만한 경험은 없었다. 다만 그 당시 개인적으로는 장인이 당뇨병과 치매로 사망하셨고, 친할머니가 치매 상태로 계셨다. 그 경험이 재가노인복지서비스를 생각하게 한 계기라고 할까. 고백하자면 노인복지를 한다는 나조차도 3일 정도 치매노인과 함께 낮과 밤을 보내는데 평소 감정이 아니라 왜곡된 감정으로 나타나는 것을 알 수 있었다. 우리 할머니 같은 경우에는 사람을 못 알아보고 기억 못한 그나마 곱게 치매에 드셨지만 장인어른은 용변 수발까지 들어야 했다.

가족 기능이 없어지고, 전통적인 가족의 형태가 해체된 상태에 있는 노인들, 가정 구성도 못하는 노인들이 많다. 가정 해체 배경에는 부모를 돌볼 자식이 없거나 아들이 없는 경우, 있어도 경제적으로 돌볼 상황이 아닌 경우 등 많은 문제가 내재돼 있다. 그런 노인들에게 서비스 제공뿐만 아니라 함께 살고 있는 가족들에게도 도움이 될 수 있다면 좋을 것이다.

노인을 모신 가정에 중풍이나 치매 환자가 있을 경우, 노인 당사자뿐만 아니라 가족들의 스트레스가 엄청났다. 그러므로 가정복지 차원에서의 서비스 제공도 시급하다고 할 수 있다. 중풍 노인과 치매 노인이 많아지면서 용변수발 등을 하는 가족들의 스트레스도 한으로 만들어지고 있다. 노인을 둘러싼 스트레스를 푸는 문제가 가장 큰 숙제이다.

금난새
_성남시향 예술총감독 및 상임지휘자

" 자신이 하는 일에 애정과 열의를 가지고 있는 사람에게는 일하는 모
습에서 차이가 느껴집니다. 성남시에 대한 그의 남다른 애정과 문화
복지에 열의를 갖고 일하는 모습이 아름답게 보였습니다. 사회복지사
로 활동하였던 저자는 급변하고 있는 현대 사회에서의 복지 중요성
을 누구보다도 더 잘 알고 있으며, 앞으로의 행복한 도시 성남을 만드
는데 큰 기여를 할 것이라 생각됩니다. 저자의 복지에 대한 생각과 깊
은 통찰이 담긴 이 책을 추천합니다. "

어머니 제가 왔습니다

아름다운 사람, 그대는 가정봉사원

"어머니, 제가 왔습니다."

우리 재가노인복지센터 가정봉사원의 첫인사이다. 가정봉사원이 하는 일은 식사 시중, 세탁 등의 가사 지원부터 어르신들의 목욕, 이·미용, 때로는 대소변 수발, 병원 외출 동행, 말벗과 산책 등 많은 일을 한다.

처음에 어떤 생각과 기대를 가지고 왔는지는 모르겠지만 나는 가정봉사원들을 정말 고맙고 감사하게 생각한다. 공공근로 차원에서 오는 사람들도 있고, 진정으로 자원봉사를 하기 위해 오는 사람들도 있다. 자기 부모가 아닌 다른 노인들을 위해 시간을 쪼개는 봉사원들에게 진심으로 고개를 숙이게 된다.

우리 사회에 많은 곳에서 자원봉사가 이루어지고 있지만 가장 힘든 것이 노인을 위한 자원봉사라고 생각한다. 육체적으로 정신적으로도

가정봉사원 양성교육

힘들지만, 그것보다는 곧 한줌 흙으로 돌아갈 노인들을 도우면서 보람을 느낀다는 것은 쉬운 일이 아니다. 소년소녀가장을 후원할 때는 그들이 훌륭하게 성장하는 것을 보면서 보람을 느낄 수 있지만, 상태가 점점 나빠져 갈 것이 분명한 노인들에게 하루 여섯 시간 노인의 수발을 마다하지 않는 노인을 위한 자원봉사야말로 진정한 자원봉사라고 할 것이다.

그런 점에서 가정봉사원들은 정말 아름다운 분들이다. 현장에서 노인들의 손과 발이 되고, 때로는 벗이 되어주는 이들 아닌가. 가정봉사원으로 나선 분들이 살림이 풍족해서 봉사를 하는 것이 아니다. 마음에서 우러나지 않으면 할 수 없는 일이다.

우리 모두 늙는다

사람들에게 가정봉사원 등 자원봉사를 권하면 대부분 "나중에 형편이 풀리면…"이라던가 "노인들을 보느니 차라리 어린 아이들을 보는 편이 낫다"고 하는 사람들도 많다. '내가 늙으면 나는 어떻게 살 것인가'를 한 번쯤 가슴 깊이 생각해보며 우리 주변의 노인들을 따뜻한 눈으로 바라보게 된다. 한때는 그들도 이 나라와 한 가정을 위해 피땀 흘려 일한 사람들이고, 젊은 사람들의 나중 모습이기도 하다.

우리나라를 동방예의지국이라 하고, 효를 근본으로 한다고 하지만 시대가 변하면서 버려진 노인의 수는 헤아릴 수 없을 정도이다. 가정을 이루지 못했거나 이미 가정이 해체돼 혼자 사는 노인은 그렇다고 쳐도 버젓이 돌봐줄 가족이나 자식이 있는데도 혼자 살아가는 노인들이 얼마나 많은가. 요즘 세태로 봐서 독거노인 비율은 갈수록 늘어날 것이다. 인간이라면 누구나 늙을 수밖에 없는 당연한 진리 앞에서 우리는 당장 내 일이 아니라고 착각하며 살아가는 것이 아닌가.

노후를 준비한다고 하면 대개 경제적인 부분을 생각한다. 물론 경제 부분이 가장 무서운 노후 걱정이기는 하다. 그러나 개인 차원이 아니라 사회 차원에서 노인 복지를 어떻게 만들어가야 할 것인지 더 고민해야 한다. 국가와 지자체, 지역사회가 함께 머리를 맞대야할 부분이다. 지금 우리의 가장 나중의 삶을 어떻게 보낼 것인가를 생각한다면 끔찍하기까지 하다. 지역사회의 리더가 되려는 사람은 지금 당장 노인 복지부터 연구해야 한다.

참사랑복지회 안에서 뿐만 아니라 밖에서도 직책이 많다 보니 나는 주로 대외적인 일들을 처리해야 했다. 내가 있을 때나 없을 때나 자기의 역할을 충분히 해내어 참사랑을 지켜주는 나의 동료들이 있었다. 주로 내부 일을 하며 안살림을 도맡아서 언제나 밝고 묵묵하게 일하는 동료들이 참으로 고마웠다. 세상에는 많은 직업이 있지만 사명감을 가지고 일하는 그들의 모습이 아름답다.

어떤 달에는 제대로 월급도 받지 못하면서도 오히려 자기 주머니를 털어가며 일을 하는 사람들이다. 주변에서 "월급도 받아요?"라고 질문을 하기도 한다. 직원들이 모두 자원봉사를 하고 있다고 생각을 했던 모양이다. 마음에서야 자원봉사라도 하고 싶지만 우리도 생계는 해결해야 하지 않는가. 복지의 질을 높이기 위해서는 맨몸으로 봉사할 수는 없는 노릇이다. 순수하게 자원봉사를 하려면 생업을 가져야 하지 않겠는가. 물론 우리 동료들이 경제적인 만족도를 얻기 위해 참사랑에서 일하는 것은 아니었다.

지금 생각해도 주윤희 과장에게 감사한다. 내가 있든 없든 안살림을 도맡아 하면서 다른 직원들까지 챙겨주던 주 과장. 주 과장은 천주교 신자이다. 고등학교 때부터 특수교사가 꿈이었다는데 그 꿈을 이루기 위해 가평에 있는 꽃동네에서 봉사활동을 하기도 했다. 아내 권금숙의 소개로 함께 일하게 되었다. 일 욕심 많은 나와 함께 일하느라 밤 10시, 11시에 귀가했던 그에게 나는 늘 미안했다.

항상 피곤에 찌들어 쉬고 싶어 하지만 마음 놓고 쉬지도 못하는 주 과장의 마음을 나는 알고 있었다. 미혼도 아니고 결혼해서 시부모님을 모시고 살고 있었는데, 늘 다른 노인들 때문에 정작 집안의 어르신에게는 소홀한 것이 아닌가 싶어 오히려 미안할 때가 많았다. 주 과장은 나와 함께 가장 오랫동안 일을 하면서 참 많은 일을 겪었다. 내가 없는 자리에서도 다른 직원들을 끌어주며, 묵묵히 자기 역할을 하는 주 과장의 얼굴에서 미소가 떠나지 않았던 것이 생각난다. 주 과장 덕분에 법인 사무행정의 기초를 다질 수 있었다.

할머니, 할아버지들에게 오는 전화를 늘 상냥하게, 마치 자기 할머니에게 전화를 하는 것처럼 다정다감하게 받던 양은선도 고마웠다. 자신의 할머니가 편찮으셨을 때 수발한 경험이 있어서 그런지 당시 스물한 살로 가장 젊었지만 젊은 사람 같지 않았다. 복지 전공자는 아니지만 사고가 긍정적이고 차분하게 일 처리를 해주었다.

할머니, 할아버지가 부르면 당장이라도 쫓아가서 전구도 갈아 끼워주고, 문고리도 고쳐주는 일을 마다않던 이정호도 듬직한 동료였다. 시민운동에 관심 있다며 무작정 찾아와 얘기를 나눴는데, 어린 나이에도 사단법인의 핵심 가치를 이해한 보기 드문 젊은이였다. 봉사자들이 미처 하지 못한 일이 있으면 마무리도 해주고, 온갖 잡일을 마다 않고 하는 아름다운 청년이었다. 이정호는 동갑내기 양은선과 결혼하여 두 딸을 뒀는데, 지금도 법인에서 핵심적인 역할을 하고 있다.

사회복지 현실에 대해 강의를 하며 울음을 터뜨렸던 교수에게 충격을 받아 사회복지사의 길로 접어든 이성원도 소중한 동료였다. 지역의 후원자들을 개발하고 후원 물품 지원 등을 담당하면서 제 몫을 다 해주었다.

각자 참사랑으로 오게 된 경로는 다 다르지만 생각은 한뜻으로 모아진 동료들이었다. 이 동료들이 없었다면 나도 쉽게 일을 할 수는 없었을 것이다. 그들이 있어 참사랑을 더욱 실천할 수 있었다고 확신한다.

가장 거룩한 봉사

"도와주세요."라고 했을 때 노인을 대상으로 하는 경우 외면하는 사람들이 많다. 봉사를 통한 후원은 정신적으로나 물질적으로나 보답받기를 원하는 것이 사람의 마음이다. 소년소녀가장을 후원하는 경우 그들이 바르게 자라줄 때 큰 보람을 느끼지만, 노인을 후원할 때는 그런 보람을 얻기 힘들다. 그래서 우리 동료들은 힘들 때가 더욱 많았다. 그럼에도 불구하고 지속적인 후원을 해 준 경우도 있고, 무엇보다도 가정 봉사원들이 자원봉사를 해주는 것이 참으로 고귀한 희생정신이며 참 보람을 느낄 줄 아는 분들이라 할 것이다.

후원자들 대부분이 잔치나 이벤트가 있을 때 일회성으로 그치는데 비해 성남 제2공단에 있는 ㈜소예(대표 이정례)는 지속적인 후원을 해주었다. 완구와 유모차를 주로 생산하는 기업인데, 그들의 바람은 오직 노인들이 긍정적으로 살다 돌아가시게 따뜻한 젊은이들을 느낄 수 있도록 해달라는 것이었다. 우리가 전화를 하면 자신들도 바쁠 텐데 지원을 아끼지 않으며 믿고 맡길 테니 알아서 하라고 한다. 그런 사람들이 있기에 우리 동료들이 보람을 느끼며 더욱 열심히 활동할 수 있었다.

동료들이 가장 허망한 때는 돌봐드렸던 노인들이 돌아가시고 나서야 그 독거노인들의 친인척이 나타나는 것이다. 또 노인들에게 봉사하느라 젊은 기가 모두 빠져 나갔는데 남는 것은 사망진단서와 한줌의 재밖에 없을 때도 참 힘들어했다. 가정봉사원이 있기에 사무실에서는 주로 방문보다 전화 상담을 받고 가정봉사원을 파견하는데 때로은 인원이 없어 직원이 직접 나가기도 했다.

똥 좀 싸게 해줘

가정봉사원이 1주일에 한 번씩 방문하니까 그 사이에 다치거나 문제가 생기면 돌봐줄 사람이 없기 때문에 언제든 전화하시도록 하여 그 틈을 메운다. 이 전화서비스는 노인들에게나 우리 활동가들에게 매우 중요한데, 노인들이 정말 다급해야만 전화하기 때문에 늘 긴장해야 했다.

한번은 최 할머니라는 분이 울면서 전화했다.
"똥 좀 싸게 해 줘요."
늘 '괜찮다, 괜찮다.' 하는 최 할머니였기에 심상치 않은 상황임을 인지하고 다급하게 방문했다.

"몸이 너무 아파 일주일치 약을 다 먹었더니…."

병원 처방약을 상복하던 할머니였다. 약을 많이 먹으면 금방 나을 줄 알았다는 것이다. 하루를 함께 지내며 간호해드리고 식사를 도와드렸다. 약 드시는 거 외에는 건강했던 할머니가 만 하루 동안 기력을 찾지 못하다가 겨우 회복됐다. 1주일 뒤에 방문했더니 주현미 노래를 듣고 계셨는데 일주일 전에 무슨 일이 있었는지는 까맣게 잊고 계셨다.

또 한 할아버지가 위암에 걸려 말기에 이르렀는데 30년간 가족들과 연락을 끊고 사셨다. 더 이상은 혼자 생활할 수 없으므로 시설에 입소시키기로 결정했다.

"할아버지. 소원 한 가지만 말씀해보세요?"

돌아가실 날짜를 받아놓은 거나 마찬가지여서 마지막으로 뭔가 해드리고 싶었던 것이다.

"아우들이 보고 싶어."

30년 동안 연락이 끊겼지만 다행히 동생 이름은 기억하셨다. 남부경찰서에 사람을 찾아달라고 부탁했다. 경찰의 노력으로 1주일 만에 동생이 달려왔다. 두 노인은 한참을 얼싸안고 울기만 했다. 할아버지가 여기저기 떠돌면서 사느라 주소가 일정하지 않았고, 어느 때인가 동생 주소도 잃어버렸다고 했다. 30년 동안 경찰서를 통해서라도 알아볼 엄두도 못 내고 그 세월을 살았던 것이다. 그 할아버지는 세 달 후에 돌아가셨다. 호주머니에 전 재산 6만원이 있었다. 그 돈으로 화환을 사서 할아버지 가시는 길에 보내 드렸다. 그것이 어쩌면 그 할아버지의 마지막 노잣돈이 되었는지도 모른다.

봉사자들이나 직원들은 보람은 되지만 항상 그런 일이 생길 때마다 허탈해 한다. 간혹 사무실에 화분을 보내시는 할아버지도 계시지만 살기가 힘이 든 대다수 노인들의 삶은 정말 한스럽기만 하다. 그런 분들의 딸과 아들이 되어준 봉사원과 동료들에게 한없는 고마움을 느낀다.

한국참사랑복지회가
뭐하는 곳입니까?_

참사랑의 역사는 나의 역사

"한국참사랑복지회가 뭐 하는 곳입니까?"

우리가 하는 일이 일반 대중을 상대하지 않고 낮은 곳의 빈민이나 노인을 찾아다니는 일이라 의외로 많은 사람들이 우리 일을 잘 모른다. 많은 사람들이 참사랑복지회가 어떤 계기로 어떻게 태어났는지 알았으면 좋겠다. 복지사업이 왜 필요하며 복지 수준이 왜 그 사회의 척도가 되어야 하는지 알면 좋겠다. 복지사업은 결코 우리 생활과 동떨어질 수 없는 것이다. 특히 우리 성남은 빈민의 이주로 탄생한 도시라는 점을 잊지 않으면 좋겠다. 그래야 성남의 빈민운동이 어떻게 전개되었는지를 이해하고 복지 사업에 더 많은 사람들이 참여하는 계기가 되지 않겠는가.

참사랑복지회는 1991년 8월 성남빈민복지상담소로 출발했다. 지역사회 공동체조직(Community organization) 운동의 새로운 장을 연 일이었다. 지역의 노점상 생존권 보장과 건설노동자의 권익보호, 철거민 주거권 문제 등을 해결해 나가는 과정에 함께 있었다. 이상락 선생이 소장을 맡고 내가 사무장이었으며 이용원, 이태영, 천용욱 신부, 이재명 변호사, 김광수 목사 등이 7명이 창립회원이었다. 지금보다는 모든 상황이 열악했지만, 빈민복지에 대한 열의만큼은 지금보다 훨씬 강했다고 할 수 있다. 무엇이든 '시작'은 순수한 법이어서 그때 우리들의 마음도 이슬처럼 맑은 빛을 띠었을 것이다.

성남빈민복지상담소의 개소로 본격적인 나의 빈민 운동 역사가 시작되었다고 해도 과언이 아닐 것이다. 이후에 성남주민복지회로 간판을 바꾸었다가 1996년 참사랑복지회로 법인을 설립했다. 의욕적으로 시작한 것과는 달리 당시 할 수 있는 일은 터져 나오는 문제를 해결하는 수준이었다. 그때는 그것이 우리가 할 수 있는 최선의 일이었는지도 몰랐다.

주민복지회에서는 '명복의전화'를 중심으로 장례 사업을 했었다. 죽음과 관련한 서민들의 고충을 상담하고, 대행하는 역할을 했다. 당시 서민들의 장례문제를 둘러싼 횡포와 비리를 개선하는데 한 몫을 한 것도 사실이었다. 그것을 발판으로 하여 노인복지사업을 구체화시키기에 이르렀다. 그러나 지역사회의 현안 문제를 중심으로 한 사안별 대처 중심의 프로그램은 조직의 성과로 축적시키지 못하는 한계를 지니고 있었으며, 여타의 단체들처럼 재정문제를 해결하지 못해 해체 위기에 직면하게 되었다.

1996년 당시에는 제도권 밖에서의 활동에 한계를 느끼고 있었으며, 운동권이라는 이미지로 머무른 채 전문성과 대중성 있는 단체로 우뚝 서지 못한 상태였다. 그래서 비제도권의 한계를 극복하는 차원에서 법인등록을 하자는 논의가 나왔고 지금의 참사랑복지회가 탄생하게 된 것이다.

한국참사랑복지회와 함께 해오면서 참으로 많은 사람들을 만났고, 많은 일들이 있었다. 모두 소중한 사람들이다. 지금도 많은 사람들의 얼굴이 스치고 지나간다. 노점상 지원활동을 할 때 만났던 사람들, 철거민, 건설노동자들, 그들 하나하나의 얼굴들이 오버랩 되면서 눈시울이 뜨거워지기도 한다.

때로는 힘들었고, 때로는 보람 있는 적도 많았다. 함께 웃고, 함께 떠들고, 함께 슬퍼하기도 했던 많은 사람들, 그 많은 사람들과 많은 일들이 주마등처럼 스쳐 지나간다. 그 시절 함께 했던 사람들, 언제라도 다시 만나서 술 한 잔씩 진하게 돌렸으면 좋겠다.

나의 사랑하는 동지들

도시 빈민의 지도자 이상락

나는 이상락 선생과 떼려야 뗄 수 없는 관계를 가지고 있다. 그가 나를 성남에 오게 했고, 성남에서의 내 삶의 절반은 그와 관계된 것임을 부인할 수 없는 사실이다. 그래서 우리 두 사람의 관계가 많은 사람들 입에 오르내렸는지도 모른다. 사실을 왜곡해서 바라보는 사람들 앞에서는 부담스럽기 짝이 없다. 그는 나에게 매우 중요한 사람이기 때문이다.

그의 첫인상은 대단히 순해 보이고, 부드럽고 따뜻해 보였고, 함께 일해도 좋을 만큼 마음이 끌렸다. 성남 시청 근처의 외환은행 앞에 노점상 자리를 이상락 의원이 가지고 있어서 그것을 물려받게 되었다. 리어카를 받아서 액세서리를 팔았다. 노점상을 위한 조직 활동을 하고 생존권 투쟁도 함께 했다. 이 의원은 노점상연합회 지도위원으로 활동하며 많은 노점상들을 알고 있었다. 노점상 조직을 만들기 위해 시도도 하고 노점상들과 접촉을 하며 기반활동을 하고 있었던 터였다. 이 의원은 단위별로 묶어 냈고, 나는 본격적인 연합조직을 만들었다.

처음부터 우리는 손발이 척척 잘 맞는 편이었다. 다른 사람들은 어떻게 표현할지 모르겠지만 나는 그를 '성남의 도시빈민지도자'로 일컫고 싶다. 그분 아래서 노점상 조직 활동을 했고, 함께 움직였다. 학생운동을 통해 관념적이었던 나에게 대중을 이해하는 좋은 경험의 장을 만들어 주었다. 이 의원으로 말할 것 같으면 그도 실제로 도시빈민 출신이었다. 건설 일용직에서 노점상에 이르기까지 다양한 직업을 가졌다. 나는 그분을 통해 도시빈민의 얼굴을 본다. 빈민들의 삶과 애환을 자신의 존재로 느끼는 분이다.

이 의원이 변화된 시점은 주민교회를 통해서였다. 주민교회에 나가면서 이해학 목사님을 통해 삶이 변화된 것이다. 그래서 그 이후 그분의 삶은 지역사회 도시빈민의 일선에서 뛰어다니는 일이었다. 자신의 위치에 따라 생활이 바뀌거나 권력을 탐하지 않았으며 청렴 그 자체였다. 나는 학생운동 출신으로써 이 의원에게 존경의 마음을 표하지 않을 수 없다. 그분의 운동적 삶과 구체적 활동의 선배로서 그분의 지도하에서 활동을 하였고, 많은 영향을 받았다. 때론 내가 이 의원을 닮아가는 듯한 착각에 빠질 때도 있었다.

은행동 동지들

우리의 의지와 달리 끊임없는 단속과 철거, 그리고 와해의 과정을 겪으면서 노점상연합회라는 조직도 무너졌다. 나 역시도 운동의 영역을 노점상이라는 한 계급 분야에서 지역으로 눈을 돌렸다. 그래서 은행2동 빈민지역에서 활동을 하게 되었다.

반(半)공개로 된 은행동 지역모임을 갖게 되었다. 그 모임은 공동의 지도체제를 만들어 나갔다. 중간지도를 김광수 목사, 임승철 목사와 이 의원이 담당하게 되었다. 모두 도시빈민선교회 출신이었다. 성남

1980년대 은행2동 12통 무허가지역 판잣집 모습

지역의 도시빈민운동 차원에서 왔기 때문에 나는 선교에는 참여하지 않았다.

은행동 모임에서 조직, 실무는 내가 맡았다.

하늘어린이집, 매리놀공동체가 거점이 되어 주민들과의 일상적 삶을 교류하고 마을에서 센터 역할을 해냈다. 영유아보육법이 없을 때 하늘어린이집은 지역에서 큰 역할을 하였다. 김광수 목사 부인, 정채진 씨가 운영을 했는데 그분 또한 은행동 빈민지역의 대모(大母)나 다름없었다. 결혼 전부터 그런 활동을 해왔다. 어린이집은 공간상으로 중요한 역할을 했을 뿐만 아니라 사람관계에 있어서도 중요한 역할을 했다. 당시 성남에는 하늘어린이집 같은 5개의 비영리 민간 탁아소가 있었는데 빈민지역의 맞벌이가정 아이들과 일하는 여성들의 권익, 인권활동, 영·유아교육법 제정을 위한 활동을 하고 있었다.

은행동은 한 개인의 카리스마적 리더십보다 조직적인 틀을 가진 곳이었다. 정채진 씨, 곽삼아 씨, 임승철 씨 등이 중간리더십을 살려나갔다. 은행동 지역 모임을 거쳐 간 사람들도 참 많았다. '우리 동네'라는 동네소식지도 발간하였다. 철거지역을 방문하기도 하고, 탁아와 바자회, 먹거리 공동 구매 활동 등 지역중심적인 활동을 전개해나갔다.

이상락, 시의원이 되다

은행동지역모임은 1991년의 첫 지방자치선거를 맞이하여 성남 시의원선거에 이 의원을 범시민후보로 추천하고 결의하여 주민들의 서명을 받았다. 선거사무소를 설치하고 모금활동을 했다. 모두 내 돈 내놓고 선거를 도와야 했다. 마침 그 때가 내가 운영하고 있던 '사람사랑'을 팔 무렵이었다. 상담소는 당선 후에 설립을 하였다. 동네 활동가들에게 모금을 했다. 모두 자신의 돈을 털어야 했다. 선거자금을 모으고 주민들의 추천을 받고 정당공천이 없었으므로 무소속으로 나왔다.

나는 선거운동에서 핵심적 역할을 하며 이 의원을 당선시켰다. 이 의원의 당선은 정말 의미 있는 일이었다. 그때 가슴 뿌듯했던 기분은 아직도 잊을 수가 없다. 뭔가 대단한 변화를 기대하지는 않았지만 희망의 빛이 보였다. 그리고 범시민후보로 당선이 되었다는 것은 우리 몇 사람만의 기쁨이 아니었다. 그동안 성남에서 빈민운동을 해온 일종의 성과기도 했다. 처음 치러진 풀뿌리민주주의라고 하는 지방자치 선거에서 빈민운동가가 당선된 것은 대단한 의미가 있었던 것이다.

의원 품위 손상이라고?

그러나 기쁨도 잠시 6개월 만에 지방의원 품위손상이라는 명목 하에 시의회에서 동료 의원들에게 제명당하는 시련을 맛보아야했다. 그때가 오성수 시장 재임 때였고, 손영태 의원이 시의장을 맡고 있었다.

첫 풀뿌리민주주의가 시작되는 지방의회에서 이 의원이 가장 크게 느낀 것은 기대에서 분노로 변하는 자신이었을 것이다. 주민들의 지지 속에서 선출된 의원들이 자신의 잇속을 차리는 데 급급했기 때문이었다. 시 행정을 감시해야하는 의회가 시가 잘못된 길을 가고 있음에도 불구하고 거기에 편승했던 것이다.

야당권에서 당선된 시의원들에게 오는 탄압의 분위기도 만만치 않았다. 그래서 그러한 사실들에 대해 이 의원이 〈말〉지에 기고를 했는데 일명 필화사건으로 알려졌던 그 내용에서 이 의원은 시(市)와 시의원의 관계를 악어와 악어새로 비유해 관에 아부해 자신의 사업을 확대하고, 지역유지 노릇을 한다는 표현을 했던 것이다. 당시 이 의원의 복장은 두루마기를 입고, 고무신을 신고 다녔으나, 그것조차 다른 의원들에게 눈꼴사납게 비쳐졌는지도 모른다. 결국 제명이 되었다.

이 의원이 제명이 되고 '이상락 의원 제명 철회와 시민자치권 실현을 위한 성남시민대책위원회'를 구성했다. 지역의 사회단체들이 많은 참여를 했다. 시청 안팎에서 농성을 벌였고, 종합시장과 성호시장에서 대시민 홍보전 거리시위를 벌였다. 적게는 100명에서 200명이 모인 현장지휘를 내가 했다. 이 의원은 개인의 의지보다 도시빈민의 지지로 출마한 의원이었고, 의장선거의 부당함과 시의회의 파행, 관선시장을 견제하지 못한 시의회를 알리기 위한 것이었다. 이런 지방자치의 제도적 한계와 시민자치권확대를 위한 투쟁이었다.

이 과정에서 나는 도시빈민의 이익과 권익을 옹호하는 입장에서 의회에서의 정책 활동을 절실히 느꼈다. 민중의 입장을 대변할 수 있는 의원이 한두 명으로는 안 되겠다는 생각을 갖게 되었다. 민중운동 진영에서 조직적으로 참여해야 한다는 생각을 갖게 되었다. 한 사람의 힘만으로는 될 수 없었다. 한 사람의 의원이 의회에서 할 수 있는 일은 전무했다. 상징성은 있지만 형식적인 합법화였다. 이 의원 스스로도 많은 한계가 있음을 토로한 적이 있다. 이 의원이 단식농성을 했으나 동료의원들 중 지지해주는 사람이 없었다. 결국 법정싸움으로 비화되었지만 그 결말도 유야무야되어 버렸다.

성남주민복지회

가지구(假地區) 중동으로 이전을 하면서 수지침교실을 열었다. 수지침 배우는 과정이 크게 어렵지 않아 주민들의 관심을 이끌어낼 수 있었고, 그것을 매개로 지역사회에서 수지침 봉사활동을 전개해나갔다. 수지침으로 취미교실로 다가갈 수 있었고, 그 와중에 성남빈민복지상담소는 성남주민복지회로 바뀌면서 부설로 '명복의전화' 사업도 벌여 나갔다.

이 무렵 복정동 건설노동자 활동을 지원했다. 연대활동을 전개하면서 하대원의 철거민과 산재노동자를 위한 위령제를 제안했지만 적극적으로 받아들여지지 않았다. 지역에서의 연대활동, 범시민후보를 내세워 민주정치를 꿈꾸어 왔던 것, 이 모든 것이 운동적 뒷받침 속에 있었던 것이지만 시대의 변화가 운동권 이미지로만으로는 조직 활동의 한계가 있음을 인정할 수밖에 없었다.

이 무렵 풍비박산 났던 노점상연합회 재건 움직임이 있었는데, 그전의 수준 및 조직력과 많은 차이가 있어서 협의회 수준인 '성남노점상협의회' 창립대회를 열었다. 여전히 노점상에 대한 단속과 탄압은 끊이지 않았다. 노점상을 결집하기 쉽지 않아 각 구역별로 친목회를 조직했다. 친목회라니까 겁먹지 않고 모여 술잔을 기울일 수 있었고, 자연스럽게 부당한 탄압과 단속에 대해 울분을 터뜨리면서 조직적 대응방법을 모색해볼 수 있었다. 각 친목회에서 터져 나오는 사례를 모아 협의회 차원에서 사안별 싸움을 벌였으나 이 역시 조직적 한계가 많았다.

이때 우리 성남주민복지회를 일컬어 주민교회가 운영하느냐는 질문을 많이 받았다. 같은 지역에 있으니까 연관성이 없는 것은 아니었지만 이름에 '주민'이 들어가니 마치 주민교회의 부설단체 같은 느낌을 받을 수도 있었을 것이다. 사소한 오해도 피하려면 이름도 잘 지어야겠다는 생각을 했다.

우리가 돈이 없지 '가오'가 없냐

은행동에서 중동으로 사무실을 옮길 때 전 재산이 300만원이었다. 그곳에서 이상락 선생이 회장, 내가 사무국장을 맡은 성남주민복지회를 꾸리고 '명복의전화' 사업을 했다. 이때 내가 다니던 생활정보지에 더 근무하기 어려워 남광우, 조덕원 기자, 우리기획 심 사장이 함께 의기투합해서 〈성남사랑방〉을 창간했는데 1년도 못 버티고 함께 망했다.

다시 지방선거가 열리기 6개월 전쯤이었다. 더 이상 가진 것도 없어서 금광2동으로 이사를 했다. 권혁식 씨는 '명복의전화'를 그때까지 붙잡고 있었다.

1994년, 금광2동으로 옮긴 후 곧 선거가 시작되어 이상락 선생이 출마를 선언했는데 당시 민주당에서 야당 후보로 출마할 것을 권해왔다. 이미 제단체에서 범시민후보로 추대하기로 결의했으므로 이상락 후보는 범시민후보 겸 민주당 후보가 되었다. 선거사무소를 따로 장만할 여력이 없었으므로 주민복지회 사무실이 이상락 도의원 후보 선거사무소가 되었다. 그때는 성남연합을 함께 했던 때이기도 했다.

선거가 시작되자 나는 최측근 참모로서 조직 활동을 담당하여 선거 조직을 가동시켰다. 3년 전 선거를 경험해 봤고, 선거 조직을 꾸린 경험이 있으므로 한결 수월했다. 물론 경험이 있다고 해서 선거가 쉬운 것은 아니다. 주민복지회와 생활정보지에서 일하면서 대민접촉을 다양하게 경험한 것도 큰 도움이 되었다.

동네마다 사랑방 모임을 조직하여 청렴한 이상락을 알려나갔고, 드러나지 않게 활동한 '아줌마부대'의 움직임도 큰 도움이 됐다. 게다가 전국적으로 야당의 상승세가 있어서 민주당 후보라는 것도 플러스 알파 요인이 됐다. '우리가 돈이 없지 가오가 없냐'는 영화대사처럼 선거비용은 법정비용에도 터무니없이 부족해 늘 쪼들렸지만 '청렴한 이상락'은 큰 명분이 되었다. 지명도와 돈이 없는 것이 가장 큰 약점인데도 주민들은 우리의 간곡한 선거운동에 동의해주었고, 결국 당선의 영광을 안겨 주었다.

이 의원은 도의원에 당선되었지만 주민복지회는 서비스단체로서 벌이가 없었다. 사무실 보증금은 다 까먹은 상태였고, 얹혀 살 것이냐, 깃발을 내릴 것이냐로 엄청난 고민의 소용돌이에 빠져 있었다. 회계업무를 담당하는 주윤희 과장에게까지 고민을 안겨 주었다. 어쨌든 돌파구를 마련하는 것이 필요했다.

죽으라는 법은 없다

그때 마침, 시에서 은행2동 제2복지관 위탁운영 공모 공지가 떴다. 우리 단체는 돈은 없지만 오랜 활동경험이 있었고, 수의제작 공장도 있어서 도전해보기로 했다. 당시 주민복지회는 권혁식 씨가 중국과 한국을 오가며 아등바등 기를 써서 유지해 온 '명복의전화' 수입으로 겨우 연명하는 형편이고 한 달에 30~40만 원 하는 임대료도 못 내고 있었다. 병원 영안실이 장례예식장으로 바뀌면서 장례문화가 개선되어 명복의전화 수입은 점점 떨어졌다. 병원에도 못 가고 집에서 사망한 빈민들만 비탈장례(성남 대부분이 경사가 심해 비탈진 골목에 천막을 치고 장례를 치렀다)를 치르는 형편이었다.

지푸라기라도 잡는 심정으로 은행2동 제2복지관 위탁운영 공모 신청을 했다. 신청에 앞서 먼저 법인 설립을 해야 했다. 법인 설립을 하기 위해서는 5,000만원이라는 돈이 필요했다. 급히 아주 잠시 동안 빌렸다. 지금은 규정에 없지만 당시 한국참사랑복지회라는 법인을 설립하기 위해서는 서류상의 조건들도 필요했다. 임대료도 제대로 못내는 형편이지만 사무실은 있었다.

그러나 위탁 신청에서 떨어졌다. 위탁신청을 우리 단체와 한 개인이 했는데 법인인 우리는 되지 않고 개인이 된 것이었다. 시 가정복지 과장을 찾아가 따졌다.

"검증이 필요합니다. 우리는 전문성을 갖춘 법인인데 어떻게 개인에게 넘길 수 있습니까? 우리가 떨어진 이유를 알아야겠습니다."

우리는 위탁에 사활을 걸다시피 했으므로 왜 떨어졌는지 알아야 했다. 결과 서류를 보여 달라고 밀고 당기다 그 와중에 서류를 보게 되었다. 점수가 개인은 92점이었고, 우리는 79점이었다. 시정조정위원회에서 심사를 했는데 점수가 80점은 되어야 한다고 했다. 그런데 선정된 그 개인이 반납을 했다. 다시 공고가 났고, 재신청을 했다. 신청자가 없어서 통과가 되었다.

마침 사무실을 비워줘야 하는 시점에서 죽으라는 법은 없는 모양이었다. 각종 중고 사무용품이 있었고, 수의 원단을 가지고 이사를 했다. 아직도 참사랑복지회 사무실에는 그때부터 사용해오던 사무집기나 잡동사니가 있다.

다시 은행동으로 이사를 하고 '명복의전화'는 주민신협에서 조합원의 후생복리차원에서 장례서비스를 하겠다고 해서 넘겼다. 무료 광고도 내고 장례 문제 시리즈 글도 올리고 하던 것들도 막을 내려야 했다. '명복의전화'를 운영하면서 끌어다 쓴 신협 대출금을 갚고 남은

900만원은 나를 포함해 운영 책임을 맡았던 세 사람이 나누어 갚았다. 없는 살림이었지만 누군가는 총대를 메야 했다. 호의호식하자고 벌린 사업도 아니었지만 있으면 있는 대로 없으면 없는 대로 아껴 쓰고 나눠 쓰며 책임도 함께 졌던 시절이다. 동고동락이라는 말이 딱 어울리던 우리들이었다. 그러나 '명복의전화'를 정리하면서 씁쓸하고 서운한 기분은 어쩔 수가 없었다. 참으로 많은 것을 배우고 경험한 시절이었다.

새로운 일을 앞두고 그간의 있었던 많은 일들이 주마등처럼 스치고 지나갔다. 노점상, 빈민복지상담소, 주민복지회, '명복의전화'를 거쳐 오면서 은행동에서 다시 은행동으로 한 바퀴 돌아온 느낌은 참 많은 생각을 하게 해주었다. 돌아온 후의 은행동은 분명 예전의 은행동이 아니었다. 달나라가 빌라나라로 바뀐 것도 그렇지만 이제는 좀 더 발전된 모습으로 복지운동을 해야 한다는 새로운 과제가 주어졌던 것이다. 그리고 무엇보다도 주민 복지의 방향을 노인부문으로 지향하였다.

복지관으로 다시 서다

가정봉사원 파견사업

은행2동 복지회관을 위탁받고 가정봉사원 파견 사업을 시작했다. 주윤희 과장 60만원, 나는 50만원의 활동비를 받기로 했다. 위탁 운영을 따내면서 '명복의전화'도 신협에 넘겼고, 그동안 물불 가리지 않고 애써온 권혁식 씨는 공직선거 출마에 뜻이 있어서 참사랑복지회 창립이사로 이름을 올리고 실무에서 손을 뗐다. 우리는 복지회관을 위탁 운영하는 참사랑복지회의 성실한 이미지를 지역 주민들에게 전달하고자 노력했다.

마침 은행2동 복지회관에는 부설 어린이집이 있었는데 시에서 운영비를 전액 지원 받았다. 복지회관을 위탁받고 가보니 52명 정원에 27명의 아이들이 있었다. 마지막으로 남아 있던 시 직영 어린이집에 52명의 인원을 채웠다. 지역 아이들에게 좀 더 다양한 보육시설이 되기 바라는 마음으로 시설을 개보수하고 아동보육프로그램을 마련했다. 초등학생 중심의 방과 후 교실도 열었다. 아이들과 부모 반응이 좋았다.

이때 나는 어린이집 총무로 월급을 받았다. 법인 이사회와 회원들의 회비로 모금을 해서 월급을 만들었다. 어린이집 원장은 어린이집 시설장을 했던 나의 동기 권태록 씨였고 나는 교사 관리와 복지회관을 운영했다. 열심히 했지만 어린이집도, 복지회관 운영도 미숙한 점이 많았음을 고백하지 않을 수 없다.

가정봉사원 교육을 시작하면서 모집된 인원들은 일산까지 가서 교육을 받았다. 실무자와 자원봉사자가 상당한 시간이 요구되는 거리를 교육을 받으러 가야했다. 97년 3월에 가정봉사원 허가를 받았다. 국비나 지방비 지원 없이 운영을 했다.

힘든 일도 많았지만 오랫동안 꿈꾸던 일이라 차근차근 발전시켜 나가면서 보람도 많이 느꼈다. 무슨 일이든 그게 원해온 일이라면, 그리고 그 일의 결과가 서서히 보이기 시작하면 누구나 성취감을 느낄 것이다. 나는 진심으로 그 시절이 행복했다.

참사랑 이사장들

당시 참사랑복지회 이사장은 이상락 의원이었는데 그 이전 상담소나 주민복지회를 이어 10년째 대표를 맡고 있었다. 성남빈민운동의 선구자이기도 하고 늘 앞장서서 솔선수범하는 이상락 의원을 당연히 회장으로 모시는 풍토도 없지 않았다. 예우 차원이라면 예우 차원이기도 했고, 빈민복지운동의 경력과 능력, 리더십으로도 뒤지지 않아 그 누구도 특별히 문제 삼지는 않았다.

도의원이 참사랑복지회 이사장이라고 해서 참사랑에는 어떤 특혜도 없었다. 단지 동에서 참사랑에 대한 배려를 좀 해주는 편이었다. 그런데 참사랑의 초대이사장 6개월 후 시에서 문제제기가 들어왔다. 도의원은 지방자치법에 의하여 감사역할을 해야 하는데 복지재단 이사를 맡은 것은 법 취지에 어긋날 수도 있다는 것이었다. 은행동 복지회관은 국비와 도비, 시비를 지원받기 때문에 로비를 받아 영향을 끼칠 수도 있으므로 겸직은 안 된다는 의견이었다. 수긍할 수 있는 문제제기였다.

우리는 즉각 회의를 소집해 이 문제를 상의했다. 결론은 쉽게 났다. '로비 의혹을 받는 것보다 야당 도의원으로서 자리를 지키며 여당에서 문제제기하는 것을 막는 것이 좋겠다.'는 것에 의견을 모으고 새로운 이사장을 찾았다. 이상락 의원도 이사장 겸직에 연연해 할 사람이 아니었다.

2대 이사장은 부품 대리점을 운영하던 김창배 씨였는데 개인적인 문제로 금세 사직을 하였다. 그래서 부이사장으로 있던 한의사 한영규 씨를 자연스럽게 이사장으로 추대했다. 한 이사장이 나름대로 재력과 모범적인 품성을 갖추고 있었기에 그다지 큰 문제가 없을 거라 생각했고 대다수의 이사진들도 이의를 제기하지 않았다. 나는 한영규 이사장의 품성을 누구보다 잘 알고 있었으므로 적극 환영했다.

그 무렵 은행동 복지회관을 반납해야하는 일이 생겼다. 참사랑복지회 활동영역도 넓어지고 일도 많아져서 좀 더 넓은 공간이 필요했다. 넓은 공간과 회원들의 접근이 용이한 곳으로 가자는 것에 서로 이견이 없었으므로 중동 복지회관을 적극 검토하였으나 복잡한 문제가 많았다. 다시 알아보니 상대원제1복지회관이 우리가 생각하는 조건과 일치했다.

한영규 이사장이 위탁 신청을 하고 상황을 보았다. 복지전문성, 활동경력, 재산, 사무실 소재지(성남시에 있는지 타 시도에 있는지) 등이 다 점수로 산정이 되었다. 재산도 주요 평가 항목인데 법인 재산이 없어서 걱정이 되었다. 게다가 법인 대표 이사 재산도 평가 항목에 들어간다고 했다. 자신의 재산을 공적 용도에 공개한다는 것이 껄끄러울 수도 있을 텐데 한 이사장은 흔쾌하게 재산을 공개해줬다. 부끄러움 없다는 자신감이기도 할 터였다. 덕분에 우리 참사랑복지회가 4대 1의 경쟁에서 큰 점수 차로 상대원제1복지회관 위탁운영을 따냈다. 심사위원은 '다른 공모자와 비교가 안 될 정도의 차이'라며 축하해줬다. 은행동 복지회관을 위탁할 때는 재공모까지 가는 우여곡절을 겪었는데 다행이었다.

지금도 그때 생각을 하면 한영규 이사장에게 고마운 마음을 지울 수 없다. 지역 인사라고 해서 자신을 위해 뭐 하나 내세우는 것 없이

성남주민복지회, 한국참사랑복지회의 활동과 경험을 바탕으로 의회에 와서도 문화복지위원장을 맡아 활동했다.

오로지 봉사와 희생정신으로 참사랑을 이끌어준 분이다. 그 분이 참사랑복지회에 쏟은 애정은 당시 함께 한 동료들은 다 안다. 지금도 그분에게 고개가 숙여진다.

그러나 한 이사장은 자신의 의지나 리더십과 무관하게 자활지원센터와의 갈등을 겪으면서 패권싸움의 이미지를 받았고, 자활지원센터 담당자의 공금유용 건에 책임을 느끼고 이사장직을 그만 두게 되었다. 한 이사장이 사직을 결심했을 때 나를 비롯해 누구도 한 이사장을 만류하지 않았다. 지금 돌이켜보면 미안한 일이다. 한 이사장의 책임을 인정하는 듯한 분위기였다고 할까. 한 이사장은 억울했겠지만, 자신의 명예에 금이 간다고 생각하고 사직을 결심했을 것이다.

이사들은 다시 이상락 의원을 불러냈다. 10년 이상 우리 단체에 헌신해온, 도의원으로서 감사가 아닌 이사장을 맡는 것은 문제가 생길 수도 있다는 시의 문제제기로 물러난 이상락 의원에게 다시 이사장을 맡으라고 한 것이다. 정치적 영향력으로 참사랑을 지켜내야 한다는 절실함일 수도 있겠다. 하지만 내 생각은 달랐다. 참사랑을 정치적으로 이용해서는 안 된다고 주장했다. 개별 이사로의 참여가 더 참사랑에 기여할 수 있다고 믿었다.

한영규 이사장의 사퇴에 따라 이사장을 선출하기 위한 총회가 열렸다. 나는 이상락 의원이 이사장을 하는 것에 대해 반대하지는 않는다. 이미 정치인이 된 이상락 의원의 지위와 그에 따른 영향력으로 발생할지도 모르는 어떤 힘에 대한 약간의 우려가 있을 뿐이었다. 적극적으로 찬성하지도 않았고, 그렇다고 나서서 반대하지도 않았다. 그러나 우리 단체 구성원들에게는 이상락 의원이 대세였다. 지난 10년간의 리더십이 큰 영향을 끼쳤을 것이다. 그래서 이상락 의원이 무난하게 다시 이사장으로 추대되었다.

지관근은 일 욕심이 너무 많아

누구나 다 그렇겠지만 나 역시 살면서 가장 힘들었던 것은 바로 사람과의 관계였다. 새로운 사람을 만나 어울려 일하면서 관계를 맺게 되는데, 잘 될 때는 아무 문제없지만, 사람 일이 어디 그런가. 사소한 일로 삐거덕거리기 일쑤고 오해가 쌓이면서 서로 원망이 생기기도 하지 않던가.

단체 일이라는 것이 천하게 말하면 '사람 장사'고 좋게 말해도 '사람이 밑천'이다. 사람을 모으고 조직하는 일이 대부분이기 때문이다. 내 성격이 모나지 않고 둥글둥글한 편이라는 평가를 들어왔지만, 그래서 나름대로 원만하게 풀어왔다고 자부해왔지만 사람 관계는 여전히 힘들다. 내 생각처럼 되지 않는 것이 바로 사람 관계이다. 앞으로도 여전히 고민해가면서 풀어가야 할 문제이다.

성남에서 오래 활동해오면서 물질적으로 풍족한 삶은 아니었지만, 마음만은 늘 부자였고 보람된 일이 많았다. 동료들과 함께 하면서 가슴 속에서 뜨거운 무엇이 울컥 올라오는 경험이 한두 번이 아니었다. 내가 하고 싶은 일, 그리고 그 속에서 함께 살과 마음을 부대끼며 함께 살아가는, 내가 동지라고, 형제라고 여기는 사람들이 있었기 때문이다. 한 번도 힘든 적 없었다고 말할 수는 없지만, '이것이 희망이고 행복이야' 라고 생각한 적이 더 많았다. 나의 낙천적이고 긍정적인 성격 때문에 오히려 주변 사람의 속이 뒤집어지는 경우도 있었을 것이다. 그러나 어쩌랴. 그게 지관근인 것을.

"지관근은 일 욕심이 많아."
"그 사람 너무 목적의식적이다."
이런 말을 들을 때마다 나도 사람인데 허탈한 기분을 어찌할 수가 없다. 그러나 구태여 그런 말에 신경 쓰지는 않았다. 남의 말하기 좋아하는 사람들에게 일일이 "나는 이런 사람이 아니라 저런 사람이오."라고 따라다니며 변명할 수는 없지 않은가. 때로는 그런 쓴 소리도 내게 좋은 약이 되기도 하니 나쁜 것만도 아니다.

이재명 _성남시장

66 청년시절 시민운동을 함께 한 동지이자, 현장에서나 시의회에서나 한
결같은 복지전문가이며, 시민의 복지를 위해서라면 언제나 양보 없는
단단한 사람! 그가 바로 지관근입니다. 99

사직서를 내다

자활후견사업의 진통

문제는 그전부터 이미 잠재되어 있었을 것이다. 어떤 일이든 난데없이 돌발적으로 발생하는 법은 없다. 문제가 쌓이고 쌓이다 가장 약한 부위를 타고 터지는 법, 그것이 내가 알고 있는 '문제 발생의 법칙'이다. 그러므로 어떤 문제든 미리 대처하여 방지할 수도 있었다. 그러나 사람 일이 어디 그런가. 잘 되겠지, 하는 안이한 마음 혹은 요행을 바라다가 기어코 문제가 터진 다음에야 전전긍긍하는 것이다. 그 문제가 구체화된 것은 바로 자활센터였다.

지역에서 빈민운동이 더 이상 주먹구구식으로 안 된다는 것은 환경의 변화를 통해 증명되었다. 정치 환경이 바뀌고, 사회복지 환경도 바뀌었기 때문에 지역의 가난한 사람들의 자활과 자립을 도와주고 삶의 의지를 북돋아주는 자활후견기관이 필요했다. 그래서 참사랑복지회를 설립하고 시작한 사업이 자활후견 사업이었다.

지금은 자활후견기관이 빈민복지의 꽃이라고 해도 과언이 아닐 정도로 반드시 필요한 기관이지만, 20년 전만해도 다들 긴간민가 했다. 그러나 우리 참사랑복지회는 확신을 가지고 자활후견사업에 뛰어들었다.

참사랑복지회에서는 1997년에 자활후견기관 신청을 했지만 탈락했고, 다시 1999년 재신청을 통해 선정되어 합법적인 지역빈민운동의 공간을 마련하게 되었다. 직원들과 밤을 새워 가며 자활 프로그램을 만들어 낸 결과물이었다. 이 지역의 가난한 사람들을 위하여 어떠한 프로그램으로 자립을 북돋아줄 것인가를 생각하면 대충 지원금이나 따내자고 사업을 꾸릴 수는 없었다.

자활후견기관에 대해서는 참사랑뿐만 아니라 주민교회나 지역운동 진영에서도 각자 위치에서 관심을 가지고 접근해 왔다. 그러나 자활후견기관은 말 그대로 빈민을 위한 기관이므로 불필요한 경쟁으로 볼썽사나운 모습을 보여서는 안 될 일, 그래서 각 진영이 윈윈하는 방식으로 연대에는 동의했지만 보이지 않게 주도권을 가져가려는 욕심이 있었다. 물론 참사랑도 마찬가지였다. 그래서 눈에 보이지 않는 갈등이 늘 내재해 있었다.

주도권 싸움이라니

그동안 성남지역에서 주민복지에 관심 있는 이들이 참사랑의 프로그램에 추진위원으로 참여했다. 그들은 나름대로 참사랑을 활용하려는 욕심이 있었던 것이고 나와는 예전부터 협력관계를 유지하고 있었으므로 열린 자세로 받아들였다. 자활후견기관을 만드는데 몇 사람이라도 더 참여하는 것이 도움이 되면 됐지 나쁠 것은 없다는 판단이었다.

그러나 그것이 나도 모르는 사이에 주도권 싸움으로 비쳐지게 되었다. 그동안의 활동경험이나 규모 면에서 우리 참사랑이 우위에 있었으므로 참사랑을 중심에 두고 이름은 후발주자로 내걸기로 했다. 그런데 모든 걸 자기들 중심으로 진행하려는 것 아닌가. 참사랑 내부에서는 '죽 쒀서 개 주는 것 아니냐'는 볼멘소리가 나왔다. 그렇지만 좋은 일을 하자는데 누구 이름을 내거는 것이 뭐가 중요하겠는가. 중요한 것은 명패가 아니라 일에 대해 얼마나 애정과 원칙을 가지고 하느냐는 것이다.

실무적으로 제한된 비합법, 비제도권 경험만으로는 제도권에서의 실무 차이를 인식하지 못하는 경우가 있다. 공공자금, 비영리 사회복지 재정 예산은 투명한 절차를 가져야한다. 나는 늘 이런 공공자금 부분에 대해 담당자에게 숙지시켰다. 그러나 이후에 이 문제가 도덕성 문제로까지 대두될 줄은 정말 몰랐다. 나는 이 문제에 대해 원칙주의적 입장을 가졌다.

소위 비합법 공간, 즉 운동권에서 활동하던 많은 사람들이 오류를 범하는 것이 이런 문제들이다. 합법이란 공간이 열리고 제도권으로부터 물적인 지원을 받는 것으로, 설혹 그것이 관행의 잔재이든 아니든

간에 서류에 관한 부분은 철저해야 한다. 문서의 투명성은 꼭 이루어 져야 하는데도 불구하고 그것을 쉽게 지나치는 것을 보았다. 누구보다도 더 철저해야 할 사람들이 그것을 무시하는 것은 참으로 아이러니한 일이다. 재미있는 것은 익숙해지면 못된 관행이 되고, 서투르면 실수를 범하기가 쉽다.

그들 중 많은 사람들이 참사랑 법인 사무국 결재를 수용하지 못했다. 오랜 동안 비제도권의 활동 습성이 남아있던 탓이었다. 구조화된 회의 체계보다 자기 경험적으로 일을 처리했다. 이로 인해 현장 실무에서 갈등을 빚게 되었다. 자활센터는 참사랑복지회 소속이지만 실제적으로 일을 처리하고 있는 담당은 다른 기관이 하기로 했었다.

자활 기관이 자리를 잡아가는데 있어서 임승철 목사와 이상락 의원이 중간에서 관계를 풀려고 했으나 여전히 주도권 문제로만 이야기 되었다. 마치 내가 자활센터를 주무르기라도 하는 양 민감한 반응으로 오버를 했다. 그래서 출범까지만 개입하기로 했다. 시시콜콜한 개입은 즉각적인 반응으로 나타났기 때문이었다.

한발 물러서다

처음에는 참사랑 내부 논의를 통해 자활후견기관 초대소장을 내가 3개월 정도 하면서 자리를 잡겠다는 생각이었다. 그러나 파트너가 된 후 발주자의 생각은 달랐다. 논의 끝에 어느 기관 소속도 아닌 것으로 하고 임봉규 추진위원장을 소장으로 추천했다. 중심을 잡을 사람이 필요했기 때문이었다. 다들 동의를 했다. 그러나 문제는 당시 논의 내용을 참사랑복지회의 한영규 이사장에게 충분한 설명을 하지 않은 것이었다. 비공식 차원의 논의로 끝나버린 오류를 범했다.

난항 끝에 자활지원센터 공식출범은 1999년 10월에 했다. 11월 11일 개소식을 했는데 당시 분위기는 21세기와 새천년을 맞이하는 분위기로 고조되어 있었다. 이후 자활지원센터는 저소득 주민들의 일자리 창출과 삶의 의욕을 북돋우는 역할을 했다.

자활센터를 개소했으나 후발 주자들과의 갈등에 심신이 지친 나는 일단 관심을 끄고 되도록 신경 쓰지 않았다. 직원들과 밤 새워 가며 자활센터 프로그램을 만들었다. 그러나 이런저런 오해와 갈등이 피로감을 증폭시켰고 내가 주체가 돼 만든 사업에 눈을 감게 만들었다. 나도 그렇지만 함께 준비했던 직원들이 더 아쉬워했고, 그런 점은 내 개인적으로 그들에게 아직까지 미안하다. 하지만 내가 사업계획을 세우고 기획을 했다고 해서 모두 내 일이라고 할 수는 없지 않은가. 잘 진행해 나가도록 지켜볼 수밖에 없었다.

정관 개정 과정의 실수

2000년 1월 20일경 두 가지 일이 거의 동시에 터졌다. 하나는 정관 개정 절차 문제였고, 다른 하나는 자활센터의 파행적 운영에 대한 투서 사건이었다. 별개의 일이라고 할 수도 있었지만 그 두 문제가 묘하게 얽혀 내 발목을 잡았다.

첫 번째 문제는 그 이전에 있었던 일이 들춰진 것이다. 정관 개정에 관한 문제는 정관상에 있는 이사회 논의를 통해 주무관청인 경기도에 보고하게 되어 있는데 이사회에 보고하지 않고 사무국장 마음대로 정관을 개정했다고 문제제기가 들어왔다.

주무관청인 경기도에서는 법인 지도 점검을 2년에 한 번씩 하게 되어 있다. 그 동안 법인은 정관 개정을 염두에 두지 않고, 프로그램 위주로 일을 하다 보니 정관 개정 문제를 지나치고 말았다. 1999년에 지도점검이 나왔는데 바로 처리하지 못하고 12월에야 부랴부랴 넘기게 되었다. 그래서 정관 개정을 보고하지 못했던 것이다. 정관 개정 기안 보고를 한영규 이사장이 결재하고, 사후 이사회에서 논의하기로 하고 주무관청에 보고했다.

합법적인 공간에서 일을 하려면 공공기관으로서 실무적인 부분에서 정확해야 하는데, 나 역시도 비제도권에서 활동하던 타성이 남아 있었던 것이다. 공금에 대해서는 결벽증이라고 할 정도로 선명하게 처리했지만, 프로그램에 매달려 활동을 하다 보니 실무적인 부분에서는 법인과 관련기관에 연결 구도를 제대로 갖지 못했다. 그 부분에 대해서는 미숙함을 인정하지 않을 수 없다.

2000년 1월 20일에 그나마 수습을 위해 추후심의를 하기로 했는데, 이사회에서 심도 있게 논의하지 못한 채 의결이 되었고 절차에 따르지 않고 도에 제출한 정관이 참사랑복지회의 정관으로 공식화되어 버렸다. 그리고 한참 후에 민주적인 개정절차를 밟지 않은 것에 대해 문제제기가 들어온 것이다. 그래서 정기총회를 통해 실질적 정관 개정을 하기로 했다. 그러나 이미 제출한 정관과 개정 정관 2개가 되어 오히려 문제가 커졌다. 형식과 내용이 다른 결과를 낳게 된 것이다.

이사회에서 정관이 다른 것에 대해 문제제기를 해왔다. 나는 그 과정에 대해 실무적으로 실수가 있었음을 솔직하게 설명하고 두 개의 정관 중 총회를 통해 개정한 정관으로 활동하는 것이 맞다고 얘기했다. 그러나 분위기는 사무국장 독단으로 일처리를 했다는 식으로 흘러갔다. 사무국장인 내가 일부러 장난을 쳤다는 것이다. 문제제기를 했던 이사는 정기이사회에 나오지 않던 이사들이었다. 처음에는 별로 중요한 문제로 생각지 않았으나 점점 큰 문제로 대두되었고 결국 그것이 발목을 잡고 놓아주지 않았다.

변경 전 정관은 이사회의 강화였다면 도에 제출한 정관은 총회를 강화하는 정관이었다. 물론 행정상 옛 복안으로 개정된 정관이었고, 실무자의 실수라고 할 수는 있었다. 하지만 도에서는 총회 권한을 강화하는 것이 도에 제출됐고 그 정관만이 민법 32조에 의해 공식 정관이라고 유권해석을 내렸다. 문제제기를 한 쪽에서 도에 해석을 요구했을 것이다.

어떻게 보면 업무 수행과정 중 운영에 있어서 정관 절차를 행정 편의적, 관행적으로 처리한 부분이 오히려 더 큰 문제였다. 그리고 이사회와 총회에서 충분한 논의를 통해 참여 속에서 결정했어야 하는데 민주적 과정을 밟지 않은 것이 잘못이라는 것은 인정할 수밖에 없었다. 그것은 나의 휴직이라는 뼈아픈 결과로 나타났다.

배반당한 진심

어쨌든 절차를 제대로 밟지 못한 것은 실수라고 해도 잘못은 잘못이었다. 가장 민주적이어야 할 순간에 대충 넘어가는 오류를 범하지 말았어야 했다. 나 역시 일 속에 빠져 하나하나를 점검하지 못한 잘못이 있었다. 하지만 그들이 말하는 모종의 배경이 있었던 것은 결코 아니었다. 그 갈등은 1년을 끌었고, 그 문제로 옥신각신했다. 참사랑의 권한이 사무국장에게 집중되어 있다고 비난했고, 그것은 함께 빈민운동을 해온 이상락 의원을 교묘히 이용했다.

10년이 넘는 성남생활에서 이 일은, 노점상에서 쫓기는 신세가 되었을 때보다도, 시청 뒤에서 직원들에게 구타를 당했을 때보다도, 활동비가 없어서 쩔쩔 맬 때보다도 더 가슴 아프고 숨 막히는 시간들이었다. 오히려 이해와 격려를 받아야 하는 사람들에게 고통을 받고 있다고 생각하니 내 자신에 대해서 회의가 느껴졌다.

나는 정말 이 정도의 사람밖에 되지 못했나. 내가 빈민복지라는 한 길로 달려온 것은 무엇 때문이었나. 고작 이런 처지에 놓이려고 그렇게도 발버둥을 쳤단 말인가. 아내에게도 아이들에게도 성실한 남편과 아빠가 되지 못한 채 일에 매달렸건만 무슨 꼴이란 말인가. 지금 나는 무엇을 하고 있는가.

끊임없이 내 자신에 대해 질책해보기도 하고, 정말 무엇이 문제인지 고민도 많이 했었다. 나의 잘못을 인정한다고 쳐도 그들의 반응은 그 이상이었다. 이미 칼을 들었을 때는 어떻게라도 토막을 내야지 그냥 포기하지 않는 것이 마치 그들의 생리라도 되는 것 같았다. 한편으로는 그들의 태도에 대해 두렵기까지 했다. 아주 생소한 사람들을 대하는 기분이었다.

나의 평에 대해서도 이사회에서 양분된 반응을 보였다. 한쪽에서는 비영리 복지사업을 수행하는 과정에 법인에 해악을 끼치지 않았으니 너무 깐깐하게 하지 말자는 것이었고, 다른 한쪽에서는 원칙은 원칙이니 이참에 풍토를 바꾸자는 것이었다. 진행과정에서 생겼던 실수에 대한 것은 인정한다고 하더라도 나 역시 일에 대한 원칙을 무시한 채 활동을 해왔던 것은 아니다. 그렇더라도 비제도권에서의 활동 관행을 타파하지 못한 것은 내 잘못이다.

그러나 억울하고 서운했다. 처음부터 꿈을 안고 만들어 온 자활센터의 프로그램이 복지의 원칙이라고 생각했는데 외부에서는 파벌싸움 정도로 인식하고 있었다는 것 아닌가. 내 진심을 알아주지 않는다는 사실이 서글펐다. 팔 한쪽이 떨어져 가는 느낌이었다. 문제 삼지 않아도 될 정관까지 걸고넘어진 것은 나를 달갑지 않게 여기는 쪽에서 모든 문제를 사무국장 개인의 욕심으로 치부하려는 속셈이었다. 애정과 진심이 이렇게 배반당할 수도 있었다.

투서 사건

정관 문제가 정리되기도 전에 투서 사건이 터졌다. 그 일이 있기 전 잘 모르는 사람이 나를 찾아왔었다.

"자활센터는 참사랑복지회에서 운영하는 건가요? 주민교회에서 운영하는 건가요?"

"당연히 참사랑복지회에서 운영하지요. 주민교회에 관계된 사람이 실무를 보고 있을 뿐입니다. 그런데 무슨 문제가 있나요?"

"저는 자활대상자로 공공근로를 하는데, 계속 일을 하고 싶었지만 일자리를 박탈당했습니다."

그 사람은 자활지원센터가 일반사람들의 참여를 배제하고 있다고 말했다. 이유는 그 사람 이야기로 특정한 교회 참여로 자신과 같은 사람은 배제된다는 것이었다. 친인척 중심으로 운영되고 있다고 했다. 나에게 어떠한 도움을 받고자 온 것인지는 알 수 없었고, 반응도 보이지 않았다. 물론 신경 쓰고 싶지 않았다. 그렇지 않아도 자활에 대해 생각하면 골치가 아플 때였고, 그렇게까지 큰 문제가 생길 것이라고도 예상치 못했기 때문이었다.

투서는 실무 담당자를 통해 내게도 전달되었고 나중에 나를 찾아왔던 그 사람이 투서를 보냈다는 사실을 알게 되었다. 투서는 소장과 이사장에게도 보여주었다. 이사장과 소장, 이상락 의원을 비롯한 관계자들이 그 상황을 접했다. 문제가 심각했다. 그래서 그 담당자를 만났다.

"투서 내용을 보았습니다. 사실 여부를 떠나 그런 문제제기를 했다는 것은 문제가 되겠는데요? 실장님이 알아서 판단을 해야겠군요. 저도 문제가 이렇게까지 되리라고는⋯."

투서를 받은 담당자의 마음고생이 클 것 같아 위로의 말이라도 해주고 싶었다.

"나는 실장님을 그동안 지역선배로서 가깝게 지냈다고 생각했는데, 일을 하다 보니 갈등이 빚어지게 됐지요. 내가 그동안 실장님에게 고통을 주었다면 사과드리겠습니다. 아무튼 이번 일이 잘 마무리되기를 빕니다."

아무리 일에 있어서 갈등이 있는 사이였지만 힘든 상황에 있기에 마음을 쓸어주고 싶었다. 서로 묵은 것에 대해 사과하고 헤어졌다.

그렇게 쉽게 넘어갈 줄 알았던 투서사건이 커졌다. 자활센터에서 공공근로를 했던 그 사람은 마침 감사가 나왔을 때 투서를 했고 감사팀에서 민원으로 접수를 했다. 감사팀은 결국 담당자가 공금을 유용한 사실을 밝혔다. 공공근로자 한 명을 허위로 등록시켜 그 임금을 본인 활동비로 쓴 것이다. 결국 자활센터 담당자는 사직을 하게 되었다. 그런데 어이없게도 내가 실무 담당자를 내쫓았다는 소문이 주민교회와 자활센터에 돌았다. 대단히 불쾌했지만 일절 반응을 보이지 않았다. 어설프게 반응을 보이면 진짜 배후조종을 한 것으로 해석될까봐 입을 열지 않았다. 배나무 아래에서 갓끈을 고쳐 매지 말라는 옛말도 있지 않은가.

그러나 투서의 내용을 내가 배후조종했다는 소문은 꼬리에 꼬리를 물고 커졌다. 참으로 무책임한 소문이었다. 그것이 한 사람의 인생 항로를 어떻게 이끌고 갈지 고민하지 않고 그저 내뱉기 좋은 식으로 떠돌고 있었다.

사직서를 내다

정관 문제로 회의 때마다 민주적 절차에 대한 책임 추궁을 받았다. 이사들의 모습이 마치 나를 향한 저격수들로 느껴졌다. 책임지겠다는 의미로 징계의 한 종류인 근신을 하든가, 그만두라고 요구했다. 특히 이사로 선임된 지 얼마 안 된 사람들이 대놓고 내 책임을 물었다. 이사회의에 거의 참가하지 않던 모 이사는 내 문제가 터지면서 빠짐없이 회의에 나와 나를 흔들었다. 모든 것을 나의 책임으로 몰아붙였다. 주변에서도 조언이 끊이지 않았다. 스스로 그만두는 게 좋지 않겠느냐는 것이었다.

떠나야 할 때가 언제인지를 알고 떠나는 자의 뒷모습은 아름다울지 모르지만 떠나라는 강요 속에서 물러나는 사람의 뒷모습은 그리 아름답지 않을 것이다. 그것도 한 번도 참사랑을 떠날 생각을 해 본적이 없는 나에게는 더욱 그랬다.

2001년 6월 결국 참사랑복지회에 사직서를 제출했다. 참사랑이 있기까지 10년의 실무책임에서 물러나게 되었다. 힘든 시련의 기간이 나를 기다리고 있었다. 참사랑에서 부귀영화를 바란 것도 아니었고, 법인에 무슨 피해를 입힌 적도 없지만 사소한 행정적 실수로 나는 참사랑을 떠나야 했다.

앞만 보고 달려온 길이었다. 나에게는 이 길밖에 없다고 생각하고 뒤돌아보지도 않은 세월이었다. 나의 운동적 삶이 시작된 곳이었고, 청춘을 다 바친 곳이었다. 차라리 밥을 먹지 말라는 것이 나을 뻔했다. 이런 날이 올 줄은 정말 꿈에도 생각지 못했다. 여기까지 어떻게 달려왔는데…. 하늘을 쳐다보았다. 너무도 푸른 하늘에 나도 모르게 눈물이 흘러나왔다. 그래, 이제 한번쯤은 쉴 필요가 있지. 스스로 위로해보려고 마음을 다잡았다. 모든 것을 긍정적으로 보기로 하고 되돌아보는 삶을 만들기로 했다. 나의 일면 중에 그나마 낙천성이 있음을 다행으로 여겼다.

이사회의 이사장을 비롯한 많은 이사들이 그런 나를 위로해주었다. 상황이 걷잡을 수 없이 된 것일 뿐 내 잘못은 아니라고, 미워서 그런 것은 아니라고 했다. 현실을 수긍하고 받아들이라는 충고인지 격려인지 모를 말도 들었지만, 내 귀에는 들리지 않았다. 나에게는 참사랑에 내가 존재하지 않는 사실이 그저 현실로 다가올 뿐이었다.

참사랑을 그만 둔 이후에는 가정에 신경을 쓰기로 했다. 일중독이라는 비난 속에서 가정을 등한시한 것 같아 가정 중심으로 나를 세웠다. 가정 중심이라고 얘기하지만 나는 이미 가정 밖의 남편이자 하숙생 같은 아빠였다. 당시 민간 어린이집을 운영하면서 법인 회원이었던 아내는 내 실직에 대해 몹시 분노했다. 잘못도 없이 쫓겨난 모양새니 그럴 법도 했다. 이때 아내와 많이 다퉜다. 아이들도 집에 있는 나를 어색하게 여겼다. 아들인 큰아이가 여덟 살, 딸이 겨우 세 살이었다. 아이들과 함께 놀아주는 것, 아빠로서 당연히 할 일이었으나 그동안 시간이 없다는 핑계로 하지 못했다. 아이들은 금세 아빠와 친해졌고 나름 행복한 시간을 가질 수 있었다.

6개월의 기간 동안 아무 일도 하지 않고 보내지는 않았다. 일복이 많아서인지, 일에 대한 욕심을 완전히 버리지 못한 탓인지 차마 다른 일까지는 정리하지 못했다. 성남의제21이나, 자원봉사, 다른 분야의 지역 일을 해왔다. 그래도 시간적인 여유가 되어서 독서도 하고, 아이들을 돌보고, 집안 살림도 도왔다. 이렇게 한가로이 살 수도 있었던 걸 왜 그렇게 나를 잊고 살았을까, 하는 생각도 잠시 해 보았다.

그런데 참사랑의 직원들이 동반 사퇴를 하겠다고 나섰다. 그들은 정관 개정 과정과 그 결과를 소상하게 알고 있었고 그것이 사무국장 마음대로 한 것이 아니었다는 것도 알고 있었다. 내가 참사랑에 쏟아 온 애정도 모르지 않았을 것이다. 자신들도 언제 팽 당할지 모른다는 위기감도 없지 않았을 것이다. 그러나 나는 직원들까지 사퇴하는 것을 원치 않았다. 그래서 극구 그들의 집단 사직을 말렸다. 내가 참사랑에 없더라도 그들은 자신들이 해야 할 소중한 일을 저버려서는 안 된다고 생각해서 설득을 했다. 그것은 내 안에 버티고 있는 원칙이기도 했다.

그들은 사무국장의 사직이 부당한 것이고, 외압에 의해서 이루어졌다고 판단해 반발했다. 그래서 임원들에게 어떤 것이 진실인지를 밝혀달라는 질의서를 냈다고 했다. 그런데 나를 못마땅하게 여기는 사람들은 그 일까지도 문제를 삼았다. 내가 배후조종자이고, 그들은 꼭두각시라는 것이다. 참으로 어이가 없는 일을 다시 한 번 겪는 것이지만, 다른 측면에서 나에게도 문제가 있었다는 점을 반성하는 계기가 되었다. 이사들은 직원들과 연령대에서 차이가 많았다. 그래서 함께 해야 할 파트너임에도 어른과 아이 관계처럼 여겨지는 경우가 많았다. 나이든 사람들이 대개 그렇듯 수평관계가 아니라 수직관계로 생각하는 것이다. 이는 관리자인 내가 중간 역할을 제대로 해내지 못한 탓이다. 그런 생각이 들자 몹시 부끄러워졌다.

앞으로 어떻게 행동하실 겁니까?

참사랑복지회에 쏟은 나의 애정은 나의 모든 것이었다. 내 청년기의 몸과 마음, 시간과 돈을 모두 참사랑에 쏟아 부었다. 그런데 나를 객관적 평가도 아니고 정관 문제에서의 사소한 실수와 투서에 대한 배후조종자 혐의를 씌워 도마 위에 올려놓고 난도질하는 것은 참을 수 없었다. 물고기는 도마 위에서 관찰하기보다 물속에서 왕성하게 활동할 때 관찰해야 그 특성을 제대로 파악할 수 있는 법이다.

어쩌면 나는 그대로 떠나야했는지도 모른다. 무슨 욕심이 남았다고 다시 돌아가느냐고 하는 사람도 있었다. 그러나 참사랑복지회는 나의 처음이자 끝이고 늘 나를 옥죄는 번뇌였다. 6개월을 떨어져 있으면서도 나는 해탈의 경지에 이르지 못했다.

"국장님이 그만 두는 건 잘못을 인정하는 거잖아요."

내가 사직하겠다고 했을 때 직원들은 너나없이 말렸다. 남아서 함께 싸우고 함께 책임을 지자는 것이었지만, 분란만 일으킬 것이 뻔한 상황이어서 만류를 뿌리쳤다. 그러나 사직하고 집에 들어앉았다고 상황이 끝난 것이 아니었다. 저녁마다 직원들이 찾아왔다.

"성남에서 복지활동 그만 두실 겁니까?"

함께 활동해온 직원들은 내 급소를 찔렀다. 나는 움찔할 수밖에 없었다. 내 삶에서 '복지'를 빼고 무엇이 남겠는가.

"계속 하실 생각이면 자존심 버리고 다시 돌아오세요. 국장님 끝내 안 오시면 저희들도 더 못합니다."

안 돌아오면 집단사퇴를 하겠다고 했다. 협박에 다름 아니었다.

직원들과 옥신각신하는 사이 곤혹스러운 상황이 또 닥쳤다. 나와 뜻을 같이 했던 일부 이사들도 참사랑복지회를 떠나려고 한다는 것이다. 정관 문제가 닥쳤을 때는 원만한 해결을 위해 의견을 내세우지 않고 침묵했지만 내가 사직까지 하고 그 기간이 길어지자 참사랑복지회를 떠나려고 했다.

"이사님들도 저희와 생각이 같아요. 국장님이 복귀하면 계속 참사 랑을 도와주겠다고 했어요."

진퇴양난이란 말을 이럴 때 쓰는구나 싶었다. 한영규 이사장도 사 직을 했다. 그것이 그 분에게도 상처였고, 나 역시 한없이 죄송한 마음 을 금할 길 없다. 나를 걱정하고 믿어주는 사람들, 오직 참사랑복지회 의 앞날을 걱정하는 사람들의 심정을 모른 체 할 수도 없었다. 그 분 들만이 아니다. 참사랑복지회를 떠난 나는 아무 것도 아니었다. 6개월 떠나있는 동안에도 늘 참사랑복지회 생각이었다. 머리를 쥐어뜯으며 고민에 고민을 거듭한 끝에 모든 자존심을 버리고 다시 참사랑복지회 의 문을 두드렸다.

떠날 때만이 아니라 다시 돌아올 때도 굴욕감과 모멸감을 맛보아야 만 했다. 여러 이사들 앞에서 신입사원처럼 공개면접을 보았다. 자존 심 상했지만 나는 만면에 미소를 띠고 묻는 말에 성실하게 대답했다.

"앞으로 어떻게 행동하실 겁니까?"

이 질문에 평정심을 잃을 뻔 했다. 화가 치솟았고 다리가 후들거렸 지만 이를 악물고 참았다. 심호흡을 몇 번 하자 진정되었고 이내 밝은 얼굴로 돌아왔다. 복귀하기로 마음먹을 때 예상 못한 상황도 아니었 다. 그래서 자존심 따위 버리겠다고 다짐하지 않았나. 나는 지금 적에 게 손들고 귀순하는 게 아니잖은가.

10년 넘게 성남에서 빈빈 복지를 하면서 가꿔온 참사랑복지회 아 닌가. 참사랑에 대한 내 애정은 굴욕과 모멸 따위가 걷어차 버릴 수 있는 것이 아닌 그 이상의 가치였다. 그러므로 나의 마음속에서 참사랑복지회를 버릴 수는 없었다. 나를 참사랑복지회를 떼어 놓고는 생각할 수도 없었다. 활동과정에서 실수한 부분에 대해 인정하지 않는 것은 결코 아니다. 지역에서 참 복지운동을 하는데 민주적 절차를 밟지 않았다는 것은 변명의 여지없이 잘못된 일이다. 하지만 그것으로 인해 내가 참사랑복지회와 함께 걸어온 길을 다 부인할 수는 없는 일이다. 이런 생각이 정말 짝사랑이어도 어쩔 수 없었다. 내가 참사랑복지회를 사랑하는 한 부끄러움도 받아들일 수밖에 없지 않은가. 너무나 깊은 인연, 그 인연의 끈은 놓아버리기엔 너무나 참사랑복지회를 사랑했나보다.

복지의 꿈은
이루어진다_

복지 현장을 강의하다

나는 학자가 아니다. 현장에서 지역사회복지와 복지를 위한 조직운동을 하는 현장 활동가이다. 그런데 그 현장경험으로 강의를 해달라는 부탁이 왔다. 그동안 내가 해왔던 활동들을 정리할 기회가 없었다. 막연하게 언젠가 한 번은 정리를 하겠다고 생각만 하고 있었다. 그 무렵 내 스스로 재충전을 할 필요가 있다는 생각도 들어 대학원에 갔는데 뜻하지 않게 강의 섭외가 들어온 것이다.

수원여대의 이경아 교수의 추천으로 강의를 하게 되었다. 이 교수는 성남의제21에서 만났다. 그곳에서 사회복지 계열 전문가, 단체들을 참가시키면서 관계를 맺게 되었는데 이교수가 사회복지행정론을 부탁했다. 사회복지기관 설립과 운영, 지역복지네트워크 경험을 살려서 강의를 맡아주기를 바랐다.

처음에는 수녀들을 상대로 강의를 했다. 성스러운 분들을 앞에 두고 강의를 어떻게 해야 하나 두려움이 앞섰다. 그들 앞에선 내가 강의를 하는 교수가 아니라 세상 속에서 지은 죄를 용서받으러 온 죄인 같다는 생각이 들었다. 그러나 시간이 지나자 학생은 모두 같다는 생각이 들었다. 20대에서 40대의 수녀들을 보면서 수녀가 된 배경이라든가 따위의 여러 가지 이야기를 하게 되고, 시간이 흐르면서 그들도 세상 살아가는 순수한 사람들, 편안한 사람들이라는 것을 알 수 있었다.

낮에는 일반 학생들을 상대로 강의를 하는데 나름대로 학구열도 차별화된다는 것을 알 수 있었다. 노트북으로 정리를 하고 그때마다 자료를 뽑아낸다. 분위기가 다름을 현저히 느낄 수 있었다. 세상이 변했다는 것은 다른 부분으로도 알 수가 있었지만 노트북이라는 물건을 보니 변화되는 세상 속에 압도되는 중압감을 받았다. 노트북뿐만 아니라 그 초롱거리는 학구열들을 보면서 공부하는 학생들보다 못하면 안 되겠다는 생각으로 긴장을 하게 되었다. 때로는 낮에 젊은 학생들에게 들은 재미있는 이야기를 수녀들에게 전해주기도 했다. 사실 나는 재미없는 사람이다. 다른 사람들을 즐겁게 해주는 잡기는 가지고 있지 않다. 재미있는 이야기도 썰렁하게 만드는 특별한 재주를 가지고 있다고나 할까. 그 재미없는 전달을 재미있는 척 들어주는 수녀들이 고마웠다.

이론적인 틀보다는 현장의 사례를 중심으로 이런 경우 저런 경우를 이야기하며, 그 문제에 대해 어떻게 생각하는지 질문을 하기도 했다. 서비스전달체계, 인사관리, 재정, 의사소통, 마케팅 등으로 강의의 내용을 만들어갔다. 오히려 일할 때보다 더 많은 자료를 찾으면서 스스로 공부를 해갔다. 내 자신에게도 정리가 되는 강의였다. 지역사회에서의 경험을 토대로 강의를 했다. 박사도 아니고 석사도 아니지만 학생들에게 생생한 정보제공을 했다. 그동안 심화된 공부를 하지 못했지만 나름대로 생생한 교육이 될 수 있도록 최선의 노력을 했다.

강의를 나가면서 처음에는 강의를 테마에 의해서만 하기도 했다. 양념을 넣어서 부드러운 강의를 만들어야 하는데 딱딱하게 진행했다. 그것은 나의 경험 부족에서 나왔다. 현장 중심의 정보전달, 초보자가 알고 있는 범위에서 그 테마의 연장선상에서 유머와 조화를 찾았다. 최근 이야기, 재미있는 이야기 등을 학생들로부터 정보를 받으려고 노력했고, 글로 정리되지 않은 많은 이야기를 그들의 정서와 환경을 파악하면서 터득하려 노력했던 기억이 난다.

이 땅의 복지는 발전해야 한다

노인복지사업의 꿈

나는 직책이 많았던 편이다. 한국참사랑복지회 사무국장이고, 재가노
인복지센터 소장, 사회복지사협의회 회장 등 많은 직함이 있었다. 그
중 재가노인복지센터에서 하는 일 중 가장 중요한 일은 가정봉사원
을 파견하는 일이었다. 96년에 법인 등록을 했고, 97년에 센터인가를
받았다. 1년간은 자가로 운영했고, 다음해부터 정부의 지원을 받았다.
가정봉사원 파견의 대상은 65세 이상의 노인들로 가족의 수발이 취약
한 곳에 보조적인 역할을 해주고, 독거노인들에게는 전적으로 가족의
역할을 해준다. 성남에만 65세 이상의 노인은 9만8000여 명이나 됐다.
많은 노인들이 거동이 불편하고 수발이 필요하지만 가정봉사원의 손
길이 필요한 독거 독신 노인들, 무의탁노인들이 1000명 정도 됐다.

재가노인 복지사업은 우리 법인이 성남에서 1호로 인가를 받았다.
시민이든 관공서든 노인복지에 대한 인식의 정도가 낮은 편이었다.

손길이 필요한 노인의 수 대비 가정봉사원의 수 역시도 그때까지 턱없이 부족했다. 공공기관, 민간에서 노인에게 어떤 서비스를 할 것인가에 대한 기본적 사고도 없었다. 지금도 그런 편이지만 사회 복지 대상에서 아동과 청소년에게는 관심이 높지만 노인에게는 관심의 정도가 무척이나 낮은 편이다.

참사랑복지회는 처음부터 노인복지 사업을 염두에 뒀는데, 그것은 참사랑의 태생과도 연관이 있을 것이다. 노점상 운동 당시 노인들이 많았고 이어 상담소, 명복의전화 등이 자연스럽게 노인복지에 대한 관심으로 이어졌던 것이다. 사각지대에 있는 여성, 장애인도 있지만 노인이 사회적 관심도가 가장 낮다는 것도 우리가 노인복지를 선택한 이유이기도 하다. 우리 단체의 경험뿐 만 아니라 여러 가지 상황을 볼 때 가장 열악한 상태가 바로 노인복지였던 것이다. 가장 취약한 부분 사업은 그만큼 힘들지만 얻는 보람은 더 크다. 그래서 가정봉사원을 모집하고 교육시켜 시설에 들어오지 못하는 가장 취약한 재가노인에게 파견했다.

1999년 다살림복지회가 새로 설립하는데도 도움을 주었다. 비영리 사업에서 또 하나의 법인 탄생은 좁은 소견으로 보면 경쟁 상대가 생기는 것이지만 차제에는 지역사회에서 역할분담을 하는 파트너로 서로 상생하는 좋은 관계가 될 수 있을 것이다. 우리가 다살림 설립에 적극적인 도움을 준 이유이다. 다살림은 분당에 소재하고 있어서 구시가지와 신시가지로 나누어서 역할 분담을 할 수도 있을 것이다.

장기적으로는 마을별 복지 네트워크 구축으로 활동해야 한다고 본다. 그 지역사정을 꼼꼼하게 아는 주민들이 자기 동에서 손길이 필요한 노인들을 찾아 돕는다면 적어도 고독사 같은 사회적 아픔은 없어지지 않겠는가. 참사랑이 성남의 모든 지역을 다 아우르며 활동하기에는 한계가 있기 때문이다. 최소한 구(區)별로라도 동회 복지관 차원에서 자기 동 노인들은 책임을 져야한다고 생각한다.

재가복지는 지역사회복지의 핵심 사업이다. 재가노인들에 대한 통합서비스 모형을 개발하여 보편화하는 일이 발전된 사회복지 패러다임을 만드는 것이다. 마을 주민 참여형의 복지사회를 만든다면 이는 곧 복지국가로 한발 더 다가서는 일이 될 것이다. 참사랑은 가정봉사원 양성기관이며 관계기관으로부터 위탁을 받고 있고, 현재 가정봉사원이 수백 명 참여하고 있다. 앞으로도 재가 노인 서비스기관이 여러 지역에 다양하게 포진할 필요가 있다는 것은 새삼 강조할 필요도 없이 중요한 일이다.

주민에게 복지정보를 제공해야

노인복지 활동을 하면서 늘 느껴온 것이지만 빈민운동이 사회단체로서 역할은 일정정도 축소하고, 지역사회 안으로 보다 깊숙이 들어갈 필요가 있다. 성남의 큰 사안의 선별적 대응보다 정교하게 세부화된 서비스를 제공할 필요가 있었다. 정치·사회적으로 목소리를 내는 것도 필요하지만, 그 부분은 정당이나 사회단체에 맡겨두고 꼭 필요한 사안에 따라 연대하면 될 것이다.

　우리 복지단체는 본연의 역할을 찾아 서비스 대상을 확대하고 수혜자와 공급자의 형평이 잘 맞도록 역량을 키워가야 한다. 내가 제공하는 물질적, 육체적 제공이 일방적인 것이 아니라 상호 복지에 대한 권리의식으로 인식될 때 주민의 복지의식과 복지수준은 더 높아질 것이다.

　안타까운 것은 활용 가능한 복지서비스가 있는데도 많은 지역 주민이 내용을 몰라 활용할 줄을 모른다. 우리 참사랑복지회를 비롯하여 유관 기관들이 정보제공에 태만한 것은 아니었는지 반성할 일이다. 일반 주민들이 복지 제공에 참가하거나 복지 제공을 받을 정보가 없으니 제공자와 수혜자간의 균형을 맞추기도 어렵다. 복지 제공 기관은 물론이고 주민들과 수시로 대면하는 동사무소, 구청 등에서도 적극적인 홍보에 나서주면 좋겠다.

　자원봉사를 하고 싶어도 어디서 어떻게 해야 하는지 모르는 경우가 태반이다. 그러므로 일반주민의 접근이 용이하도록 사이버 상이든 출판물이든 적극적으로 홍보해야 한다. 지역 언론에서도 특별한 관심을 가져주어야 할 것이다. 지역 복지 운동은 당리당략의 문제도 아니고 무슨 이념의 문제도 아니다. 복지마을을 위한, 복지국가를 위한 초석을 쌓는 일이다.

　주민 누구나가 형편 되는대로 자원봉사자로 참여하고, 어려운 처지에 있는 주민 누구라도 복지 서비스를 받을 수 있어야 한다. 자원봉사자도 불쌍한 사람을 돕는다는 1차원적 인식에서 벗어나 자신의 삶의 질을 높이는 능동적 행위라는 인식에 도달해야 한다. 사회의 책임 구성원으로서 마땅히 할 일이라는 생각을 가져야 한다. 아름다운 사회의 일원이 되는 일이고, 나눔 정신의 실천이다.

그러기 위해서는 자치단체가 좀 더 많은 역할을 가져가야 할 것이다. 관공서의 복지 관련 부서와 민간 복지 단체들이 수직 관계가 아니라 수평 관계로 자리매김할 때 더 크고 좋은 효과가 나타날 것이다. 동 단위, 구 단위에서 지역의 복지단체를 적극적으로 알려나갈 때 주민들이 쉽게 접근할 수 있는 참여형 복지형태로 나아갈 수 있다. 그런 시스템이 가동되도록 열린 자세의 관공서와 공무원을 기대한다.

노인도 자원봉사에 나서자

자원봉사도 더 활성화돼야 한다. 지금까지는 수혜자로만 여겨온 노인의 참여도 절실하다. 노인은 수요의 대상이라고 여겨왔던 인식의 전환이 필요하다. 노인들의 솔선수범은 젊은이들에게 '꼰대'로만 인식돼온 이미지를 전복시켜 사회에 좋은 영향을 끼칠 것이다. 출퇴근시간대에 대중교통, 특히 전철을 이용하지 말자는 어른의 글을 읽은 적이 있다. 그 시간에 등산이나 동호회 활동 등 여가 활동하는 노인들에게 하는 말이었는데, 자신들은 피곤한 직장인, 학생 등이 이용하는 시간을 피해도 되지 않겠느냐는 글이었다. 노인이 노인에게 한 말이어서 더 수긍이 갔다. 건강과 시간에 여유 있는 어르신들이 자원봉사자로

노인들과 거리 캠페인 나설 준비를 하고 있다. 노인도 수급자가 아니라 자원
봉사 공급자가 돼야 한다.

많이 나서주면 좋겠다. 윗세대가 다음 세대에게 아름다운 정신과 전
통을 만들어주는 길이다. 점점 고령화 사회로 갈 것이기에 더 그렇다.

현재는 주로 청소년과 여성이 자원봉사를 하는 주요 공급원이다.
일상에서 자원봉사의 자리매김이 필요하다. 휴일이면 가족과 함께 어
디로 놀러갈 것인가 고민한다. 생각을 조금만 바꿔 어디로 자원봉사

를 떠나볼까 생각해보자. 가정의 결속력 등 분위기가 달라질 것이고 어린 자녀에게는 자연스러운 교육현장이 된다. 함께 일을 하면서 믿음을 가질 수 있고, 가치관을 함께 만들어 갈 수 있기 때문이다. 가족 단위의 자원봉사가 활성화될 때 우리 사회는 한층 밝아질 것이다.

기능별, 지역별로도 분화된 자원봉사가 필요하다. 주민 참여형으로 일상생활에서 공동체의식을 발휘할 수 있어야 한다. 그러나 자원봉사의 코디네이터 훈련이 안 되어있다. 무엇보다 가장 모범적인 대안은 지역단위의 자원봉사라고 생각한다. 내가 살고 있는 동네의 어려움은 내가 나서서 돕는다는 인식을 가져야 한다. 인적자원을 멀리에서 찾을 것이 아니라 지역사회에서 발굴해서 지역복지로 연결을 시켜야 한다. 그것이 내가 생각하는 재가복지의 핵심이다.

사회복지사와 주민이 함께 손잡고

자기가 활동의 거점으로 삼고 있는 마을에 대한 사회복지사들의 태도도 매우 중요한데, 그들은 지역사회에 대한 접근이 곧 삶의 방식이 되어야 한다. 문제는 성남의 사회복지사들 중 많은 이들이 성남에 거주하지 않는다는 점이다. 그런 점에 있어서는 오히려 공무원보다 못하다고 하겠다. 정보 또한 프로그램 상에서나 만날 수 있지 삶의 총체적 모습으로 접근하지 못해 자원봉사자의 발굴 또한 힘든 상태이다. 한마디로 주체가 되어야 할 사회복지사들의 조직 강화가 상당히 힘든 상태이다.

클라이언트(이용자들), 즉 복지 수요자는 많은데 공급역량은 낮고, 인적자원 발굴에 대한 기관의 재정문제도 크다. 네트워크를 짜서 머리를 맞대고 고민할 사회복지사들이 현장에 거주하지 않는 것이 가장 큰 문제이다. 그래서 모델링에 대한 시간을 앞당기지 못하고 있다. 테크닉으로만 기관이 모든 것을 할 수 없다. 인적 자원이 발굴되면 기관이 덜 힘들 것이다.

사회복지사는 희생과 봉사의 정신으로 무장한 직군이다. 그러나 사회복지사와 관련한 관공서나 사회복지기관의 인사정책에도 문제가 없지 않다. 사회복지기관도 기관 중심의 사고에서 벗어나 일의 효율성 쪽으로 시각이 달라져야 한다. 기관 중심에서 지역사회 중심으로 발전되어야 할 것이다.

지역사회에서 자원봉사, 자체 기관과 함께 돈으로 할 수 없는 일들은 그 지역의 사회복지사들만의 일이 아니다. 사회복지사를 어떻게 조직하여 배치할 것인지를 고민하여 사회복지사는 물론 그 지역 주민의 삶의 질을 높여야 한다. 하나의 모델을 개발하면 그것을 장·단기적으로 어떻게 운용할 것인지 꼼꼼하게 계획하여 실천해야 한다. 지표와 지수를 설정하고 목표 지향적인 프로그램을 개발해야 한다. 보람을 느낄 수 있어야 하고 성과가 보여야 신나게 일할 수 있다.

당연히 이 모든 것을 참사랑이 다 할 수는 없다. 참사랑의 능력 부재를 말하는 것이 아니라 궁극적인 가치와 효율성 극대화에 대한 문제이다. 참사랑 운영의 중점은 지역 복지, 자활, 재가노인복지이다. 이

세 가지가 지역사회 깊숙이 자리 잡고 지역 주민들에 의해 실천되어야 한다. 거점 자체가 개별화되면서 지역 중심 복지가 실현되고, 참사랑 같은 복지 단체 실무자는 이 프로그램에 대한 통합적 이해를 갖고 활동해야 한다. 또한 어린이집은 아이 중심에서 가정 중심의 프로그램으로 확대 재편되어야 할 것이다. 국가적으로 복지국가의 패러다임이 있는 상태에서 복지에 관한 지원이 시원스럽게 보조된다면 모르겠지만 아직 그럴 정도가 아니기 때문에 민간에서 자발적으로 마련을 해야 한다고 생각한다. 이런 것들이 지역 복지를 꿈꾸는 나의 목표이다.

정치를 왜 하십니까?

정치에 뜻을 두다

나에게 참사랑을 딛고 정치로 나서는 것 아니냐는 비판이 있는 것을 안다. 나는 서슴지 않고 말할 수 있다.

"참사랑을 정치적으로 보지 말고 정책적으로 보시오."

그러나 나는 늘 생각한다.

"나는 무엇인가?"

참 많이 고민했다. 나를 두고 말하는 사람들에게 어떤 변명을 하기 위해서가 아니라 진정한 나 자신을 찾고 싶었다. 나는 왜 도마 위에 오를 수밖에 없었는가? 문제는 정치다. 내가 그저 참사랑의 사무국장으로서, 이 지역의 한 사람의 사회복지사로서 묵묵히 일한다면 이 거대한 도마 위에 오르지 않았을 것이다.

사람은 정치적 동물이다. 누구나 정치를 한다. 그 상황과 처지가 다를 뿐이지 모두가 정치인들이다. 많은 사람들이 정치인이고 싶어 한다.

그런데 우리 사회에서 정치를 하겠다는 의지를 비출 때 그 사람은 더러운 사람이 되고 만다. 우리나라의 정치 행태를 보면서 정치에 대한 인식이 좋지 않기 때문일 것이다. 그 사람이 왜 정치를 하려고 하는지는 안중에 없다. 그저 정치에 미친 놈, 정치에 맛 간 놈이라고 하지, 훌륭한 정치를 해보라고는 하지 않는다.

내가 정치에 관심을 가지면서 사람들은 서둘러 나를 도마 위에 올렸다. 시의원에 나가보겠다고 했더니 대부분이 이상한 동물 취급을 했다. 가장 가까이에서는 나의 아내까지도 그랬다. 정말 정치란 것이 참으로 문제가 있긴 있나보다. 나는 정치가 대단한 권좌라 생각지 않고 정치 이야기를 했다가 본전도 못 찾는 인간이 되고 말았다. 하기사 현 정치인들이 자리 하나 가지고 엄청 싸우는 걸 보면 그들에게 정치가 좋긴 좋은가 보다.

나는 다시 나에게 질문한다.
"나는 누구인가?"
나의 목표는 정치인이 아니다. 내가 살아온 삶이 정치를 하기 위한 포석은 절대 아니었다. 나는 영원한 사회복지 활동가이다. 내가 정치를 한다면 잠시 외도를 하는 것이다. 물론 외도의 정도가 어떤 정도냐에 따라 이혼을 당하기도 한다. 나는 사회복지를 향한 정치이지, 정치를 위한 사회복지를 하는 것은 절대 아니다. 정치하는 것을 수치로 안다면 정치할 생각은 없다. 명예나 영광을 위해서 정치를 하고 싶지도 않다.

복지 이장이 되겠다

내가 정치를 하려는 목적은 분명하다. 주민의 삶의 질을 높이기 위한 사회복지 활동가로서 소리를 내고 싶을 뿐이다. 내 바람이겠지만 사람들이 나를 마을의 이장 정도로 생각해주었으면 좋겠다. 지역의 복지를 위해 뛰어다니는 이장이라 불러주면 좋겠다. 나를 정치인으로 몰지 말았으면 좋겠다. 지역의 일을 자기 일처럼 해주는 대리인 정도로 생각해주면 좋겠다.

내가 훗날 원대복귀해서 기존의 현장에서 다시 뛰겠다고 했는데 많은 사람들이 믿지를 않았다. 한번하면 영원히 하는 것이 정치란다. 나역시 이제는 믿어달라고 하고 싶지 않다. 지역에서 복지 사업을 하면서 이런 정도는 관계기관에서 들어주고 만들어 나가야 하는데 안 되는 부분에 대한 답답함 때문에 내가 정치 쪽으로 가야겠다는 생각을 하게 했다. 그래도 이장이 되면 우리 마을의 불편함을 긁어주고 고쳐주지 않을까 해서 말이다.

이장 역할을 제대로 하기 위해서 지방선거 출마를 결심했다. 나는 늘 내 가슴이 이끄는 대로 살아왔고 새로운 것에 도전하며 상상한 것을 더불어 실천해왔다. 실천하는 사회복지사로서 나의 성남에서의 삶은 가난한 사람들과 더불어 사는 삶, 어르신들의 외로움과 고통을 벗어나게 하는 일이 전부였다.

그러나 노점상을 하면서 공권력의 폭력성과 횡포를 몸소 당했고 뼈저리게 느꼈다. 비영리 법인의 경영과 다목적복지회관장의 기능과 역할의 한계를 뼈저리게 느꼈다. 소외받고 가난한 사람의 복지를 위해, 내가 꿈꿔온 복지정책을 효율적으로 실천하기 위해서는 좀더 강해져야 했다. 그래서 지방의회 선거에 나서기로 한 것이다. 다행하게도 나는 평화민주당과 새천년민주당에서 이상락 의원을 보좌하면서 정치와 정당생활을 접한 경험도 있다.

성남에서 보증금 100만원에 30만원 월세로 사는 넝마주이들이 몰려 있는 대표적인 빈민지역 은행1동에서 시작할 생각이었지만 단 1표 차이로 내부경선에서 낙선하였다. 결국 은행2동 제2복지회관 수탁기간을 종료하고 상대원제1복지회관장으로 부임후 복지마을 만들기 운동을 전개하면서 지역사회 주민들과 접촉이 자연스럽게 확대되어 분위기가 무르익었다고 판단했다.

2002년은 월드컵의 뜨거운 열기로 지방선거는 별 주목을 받지 못했는데, 나는 상대원3동에 위치한 복지회관장으로 소선거구 동별 1인 선출시기에 상대원3동에서 나설 것인지 거주지역인 상대원2동에서 나설 것인지 선택해야 했다. 이때 상대원3동에는 지수식 삼영전자 노조위원장과 새정치국민회의 중원지역위원회 사무국장 홍성완 씨의 경쟁이 치열했으므로 나는 거주지역인 상대원2동을 선택하였다. 상대원2동은 주민자치센터 시범 동으로 내가 주민자치위원회 간사로 봉사하고 있었으며, 아내 권금숙은 지역에서 어린이집을 운영하면서 여성운동과 보육활동가로서 여성들과의 접촉이 많았다. 좋은 조건이 아닐 수 없다.

"여보. 이번 지방의회 선거에 나가볼까?"

정치인 아내로 살고 싶지 않아요

그러나 늘 적은 내부에 있는 법이다. 아내가 반대하고 나선 것이다.

"난 정치인 아내로 살고 싶지 않아요."

아내는 단호했다. 사실 국민들에게 정치인 이미지는 좋았던 적이 별로 없지 않은가. 난감했다. 아내의 지지도 얻지 못하면서 어떻게 주민에게 지지해달라고 할 수 있겠는가.

"정치인이 되고 싶은 게 아니야. 사회복지사로서 생활자치 복지운

2002년 시의원 선거 끝나고 가족과 함께 여행을 다녀왔다.

동을 확대해보고 싶은데 현실적인 제약이 너무 많아. 더 큰 복지운동을 하고 싶은 거야."

아내가 내 진심을 모를 리 없었다. 다만 정치인이 싫다는 것. 그러나 아내는 상황판단이 빠르고 결정은 신속한 사람이다. 내 눈빛에서 내 의지를 읽었을 것이다.

"조건이 있어요. 되든 안 되든 딱 한 번!"

딱 한번만 하기로 약속하고 결국 아내의 공천을 받았다.

이 때 내 별명은 늘 '복지, 복지' 한다고 해서 복돌이로 불렸다. 주민들이 나를 복지행정전문가로 인정해주는 별명 아닌가. 주민들은 복돌이를 흔쾌하게 후보로 받아들였다. 탁아운동을 해온 아내는 어린이집 학부모는 물론 여성활동가, 보육활동가로 인연을 맺은 분들이 선거인단으로 참가하는 데 큰 역할을 해줬다. 또 상대원2동 자원봉사협의회 회원들, 이불가게 윤판중 씨, 금은방의 소기석 씨, 대원교회의 채용석 집사, 세탁소의 조봉제 씨, 호남향우회와 충청향우회 상대원동 지회 회원들의 자원봉사도 큰 힘이 되었다.

게다가 사회복지사 출신으로는 최초라는 이슈가 관심과 주목을 받아 많은 분들이 무보수 자원봉사로 힘을 보태줬다. 이때는 새천년민주당이 전국을 돌며 대통령 후보 국민경선을 통해 크세 인기를 끌었다. 우리 지역도 그걸 본받아 전국 최초로 당내 현역 이계남 시의원과 경선을 했는데 26표차로 따돌렸다. 본격적인 선거운동 열흘이 되었을 때 선거관리위원회에서 연락이 왔다.

"한나라당 후보가 주민 추천 정수에 미달해 선거운동을 하실 필요

없게 됐습니다."

선거도 치르지 않고 무투표 당선의 기쁨을 맛보았던 것이다. 이후 2006년 재선, 2010년 3선, 2014년 4선으로 이어졌다. 딱 한 번만 하기로 했던 아내와의 약속은 지키지 못했다.

재선, 3선 그리고…

2006년 전국 지방 동시선거에 재선으로 당선돼 민선 3, 4기 이대엽호의 시정을 감시했다. 비판과 견제는 물론이고 복지전문가로서 정책대안형 의정 활동을 전개하였다. 2010년은 민선 5기 이재명호와 함께 3선 중진 역할로 이어졌다. 당내경선과 여야 합의로 부의장을 맡아 시정과 의정의 가교 역할을 담당하였으나 내 뜻대로 잘 되지는 않아 아쉬움이 남았다. 이재명 시장은 우리당 소속이었으나 2석 부족한 소수 여당으로 대립과 갈등이 최고조로 달아올라 성남시의 브랜드 가치 저하로 이어졌다.

나는 3선으로 12년의 의정활동을 마무리할 생각이었으나 내 의지와는 무관한 상황이 벌어졌다. 성남지역 직능 분야 중 내 뒤를 이을 후보는 복지전문가 집단의 준비와 합의로 선정하기로 했었다. 그러나 패권적 음모로 진행된 후보 차출에 맞서 내가 다시 후보가 된 것이다.

새정치연합 경기도당(위원장 국회의원 김태년)은 여론조사 방식으로 후보적합 70%를 받아 사선을 넘은 4선에 당선 되었다. 게다가 새정연

4선 중진의원 3명 중 최고 득표로 당선되어 의장후보 1순위가 되었다. 7대 성남시의회 전반기 의장선거는 새정치민주연합 18명, 새누리당 16명으로부터 선택받게 돼 시민의 삶의 질 향상과 공생, 공평, 공유 도시의 통합 리더십으로 정치력을 발휘할 절호의 기회였으나 수포로 돌아갔다.

다수당인 우리 당 4선 3명의 경쟁구도가 형성되어 우월적 지위를 이용하여 보이지 않는 충성경쟁이 벌어졌고 내분으로 이어져 결국 소수인 새누리당 소속 5선의 박권종 의원이 시의회 의장으로 당선되었다. 최고 다선이 의장이 되는 나름대로 질서는 잡힌 셈인가. 7대 의회 전반기는 이렇게 불안한 의석과 대립과 갈등을 내포한 채 시작되었다. 4선들에 대한 예우와 분점으로 12년 동안 소수야당 생활만 한 나는 문화복지위원장이 되었다.

100만 성남시민의 미래와 행복지수를 높이기 위한 의회 활동은 시와 상생 협력하고, 시민의 가려운 곳을 긁어주며 당면 과제들을 함께 기획하고 함께 찾아서 미래를 위해 헌신하는 과정이었다. 시의원은 당연히 시민을 섬기고 시민을 위해 복무해야 할 일꾼이고 대리인이다. 또 민주주의 실천가로서 지역사회 문제를 진단하고 시민사회의 개인, 집단 등의 문제를 상담하고 해결방안을 제시하는 워킹 그룹의 일원이기도 한다. 이런 자세를 한시도 잊은 적이 없다.

선행처분이 정당하다고 신뢰한데 대하여 원고에게 귀책사유가 없고, 원고가 선행처분을 신뢰하여 적지 않은 공사비를 들여 이 사건 보육시설의 소재지를 이전한데 필요한 공사 등을 진행하였음에도 피고가 선행처분에 반하는 이 사건 처분을 하여 원고의 이익이 침해되는 결과를 초래하였으며, 이 사건 보육시설의 소재지가 변경되지 않는다고 하여 공익 또는 제3자의 정당한 이익을 현저히 해할 우려가 있다고 보기 어려우므로, 이 사건 처분은 신뢰보호의 원칙에 위반되어 위법하다.

위 내용은 아내의 어린이집과 관련된 3년간의 법적 다툼 재판 판결문이다. 원고는 아내 권금숙이고 피고는 중원구청이다. 원고에게는 잘못이 없고 오히려 이익이 침해됐으므로 피고가 잘못했다는 것. 무슨 일이 있었던가.

아내는 중원구 지역에서 25년 동안 맞벌이 저소득 영·유아를 위한 탁아소, 어린이집 등을 운영해왔다. 2009년에 지금의 상대원2동으로 이전해 관인 아이솔어린이집을 운영했다. 그런데 3년이 지난 2011년 난데없는 '이전 권고명령'이 떨어졌다. 어린이집 10미터 거리에 석유판매소가 있고, 43미터 거리에 주유소가 있다는 것이 이유. 그러나 이 환경은 2009년이나 이전명령을 받은 2011년이나 달라진 것이 없다. 석유판매소와 주유소가 문제라면 애초 설립허가를 내주지 말았어야 했다.

2008년 어린이집 이전을 위해 중원구청에 이전 신청을 했고 오랜 상담과 현장실사를 통해 이전허가를 받았다. 석유판매소는 그때나 지금이나 폐업 상태이고, 주유소는 담당공무원의 실사를 통해 50미터 이상 떨어졌다고 하여 설립허가증을 받은 것이다. 그리고 몇 개월에 걸쳐 개보수를 했고 영·유아 보육시설에 맞게 인테리어를 했다.

중원구청이 이전명령을 내린 것은 지역 언론사의 부정확한 의혹제기 때문이다. 보이지 않는 손이 작용했을 거라고 믿지만, 그렇다고 하더라도 중원구청은 공명정대하게 일처리를 했어야 했다. 폐업 상태의 석유판매소나 주유소는 이전 허가를 받을 때부터 있었고, 그것이 문제가 된다면 당시에 허가증을 내주지 않았어야 한다. 담당 공무원이 적합시설로 허가증을 내주고 나서 아무 대책 없이 이전하라고 하는 것은 월권 행정이다.

그래서 아내는 '행정처분효력 정지 가처분신청'을 내고 3년을 싸운 끝에 중원구청이 위법한 행정 명령을 내렸다는 판결을 받았다. 그로 인해 아내는 25년 공들여 쌓아온 영·유아 보육 전문가로서의 명예를 크게 실추 당했다.

한 언론보도를 보자.

왜 '아이솔어린이집'만 이전해야 하는가? 이와 유사한 위험물시설(석유판매소, 주유소, 가스충전소, 페인트가게 등)과 근접해 있는 보육시설 및 유치원은 성남시 관내에 최소 16개소가 넘는다. 중원구 관내를 보자. 금광

1동 K어린이집은 주유소와 0m, 금광1동 W어린이집은 5.5m, 신흥동 C어린이집은 가스충전소와 10m, 상대원2동 I어린이집은 석유판매소와 10.6m, 태평동 D어린이집은 석유판매소와 20m, 산성동 I어린이집은 석유판매소와 22m, 상대원1동 J어린이집은 석유판매소와 24m, 금광 2동 I어린이집은 석유판매소와 24m, 이 외의 위험물 시설과 인접한 어린이집들은 다수다. 중원구청이 아이솔어린이집 '이전 명령'을 내리기 전에 법에 저촉되는 이들 어린이집에 시정명령이나 경고 등 행정조치를 취했어야 되는 것 아닌가? 유독 아이솔어린이집을 희생양으로 삼는 것은 '표적행정'이 아닐 수 없다. 더욱이 아이솔어린이집은 1층에 위치하고 2~5층은 공동주택인데 주택법상 이들 주택도 '이전 명령'을 내려야 하는 것 아닌가? 특히 대원초등학교는 지난 1971년 준공되었다. 주유소와의 거리도 가깝다. 학교가 먼저 들어섰기 때문에 주유소 허가를 내주는 것은 불법 아닌가?

아내는 이 일로 우울증을 앓을 정도로 타격을 입었고, 성남 영·유아를 위해 달려온 지난 25년 세월에 회의마저 느꼈다. 그러나 상대원동에서 자신을 믿고 아이들을 데려오는 학부모들을 생각하면 주저앉을 수도 없었다. 오히려 어린이집이 없어질까봐 전전긍긍하는 학부모를 위로하고 달래야 했다.

지난 25년 동안 아내는 민간어린이집을 통하여 영유아복지와 맞벌이 자녀를 보육하는데 청춘을 다 보냈다. 그런데 왜 이런 시련을 겪어야 하는가. 당시 나는 성남시의회 부의장이었는데, 내가 구청에 부당한 압력을 넣어 어린이집 설립허가를 받았을 것이라는 추측 아래 기사가 나왔고, 중원구청이 즉각 받아 행정처분을 한 것이다. 근거 없는 의혹제기로 아내가 곤경에 빠진 것. 법원은 엉터리 기사를 담합해서 쓴 언론사와 기자에게 정정보도를 내도록 하였고, 손해배상 1000만 원을 지급하도록 판결했다.

같이 살자, 좀 _

노점상들도 살아야 한다

젊은 시절, 나는 성남의 노점상이었다. 대학을 마치기도 전인 1987년 성남에 들어와 이상락 선생의 노점상을 물려받아 액세서리 장사를 했다. 지금도 우리 시에는 노점상들이 어느 도시보다도 많은 편이다. 그 당시보다는 조금 나아졌는지는 몰라도 아직 노점상의 생존권은 무시당하고 단속현장에서 인권무시 행위도 여전하다.

2002년 11월 노점상들이 집회를 개최해서 생존권 보장을 요구했다. 시장면담을 요구했으나 시장 대신 경찰들이 나와 고양이가 쥐를 잡듯 시내 곳곳에서 쫓고 쫓기는 숨바꼭질이 난무했다. 나 어릴 때부터 진행되어왔던 이런 슬픈 그림을 언제쯤 안 보고 살 수 있을까?

중앙 정부의 공공근로 예산도 감액되는 상황에서 불안정한 수입과 동절기 생계형 노점상들의 생존권 보장도 성남시 복지시책에 반드시 포함되어야 한다고 생각한다. 게다가 노점상 단속이 도를 넘어서 폭력적이면서 인권 무시 행태가 이뤄지는 것도 권위주의 시대, 관치시대의 망령이 되살아나는 듯 했다.

고용시장의 불안정성으로 길거리로 나오는 서민들이 가야 할 곳은 어디인가? 일을 하고 싶어도 일자리가 부족해 겨우 입에 풀칠이라도 하겠다고 거리로 나온 노점상들에게 행정은 경직되어 무조건 단속만 일삼고 있다. 우후죽순 생기는 노점상, 나라고 반갑겠는가. 노점상이 더 이상 우후죽순처럼 늘어나지 않도록 시 차원에서 최선의 노력을 다해야 하지 않겠는가?

민선3기 최우선 과제가 복지시책 확대 강화였다. 민선3기 시장도 생계형 노점상 생존권을 보장해야 된다고 약속했었다. 그러나 말뿐이었고, 형식적이었다. 노점상의 보따리 장사가 몇 명이고 차량으로 장사하는 사람이 몇 명이라는 등 숫자나 세는 구태의연한 행정이 중요한 것이 아니라, 그들의 재산과 소득에 대해서, 그들이 노점상을 할 수밖에 없는 이유에 대해서 구체적으로 생활실태를 파악하는 방안이 필요하다.

생계형 노점상들에 대해서 정확하게 전수조사를 해야 한다. 그러나 단속부서나 사회복지과의 적은 인력으로 어떻게 다 조사하겠는가? 민관이 함께 그 부분에 대한 정확한 데이터를 갖기 위한 실태조사를 해야 한다. 그리고 그 결과를 갖고 정말로 기업형 노점상들에 대해서 강력하게 단속하고, 생계형 노점상들은 연령대별, 업종별로 현황을 파악하여 고령세대는 고령세대에 맞게, 젊은 사람들은 젊은 세대에 맞게 세부적인 데이터를 갖고 정책을 수립해야 한다. 그렇게 하지 않고서는 성남의 노점상 문제는 100년, 200년이 가도 해결되지 않을 것이다. 다른 시에 비해서 노점상이 많은 우리 시는 다른 시와는 다르게 노점상 문제에 대한 구체적 방안을 가지고 접근해야 한다.

우리 시에 자활후견기관이 두 곳이나 있다. 자활후견기관에서 저소득 주민들에 대한 실태조사를 정확하게 할 수 있다. 나는 의회에서 이 같은 설명을 한 후 "소위 생계형 노점상과 기업형 노점상 실태를 전수조사하여 그들에게 자활, 자립의 기회를 제공할 현실적 대안을 신속히 마련하라"고 강력히 주장했다.

살기 좋은 내 집을 갖고 싶다

재개발정책특별위원회

역사를 거슬러 올라가보면 성남은 태어날 때부터 진한 아픔을 안고 태어난 도시였다. 40여 년 전 중앙정부는 무계획적으로 서울시의 서민 12만 명을 성남으로 내몰아 20평 분양지라는 신조어를 만들며 일방적으로 성남을 조성했다. 강산이 네 번이나 바뀌는 동안 성남은 점점 팽창해 왔지만 시민들의 생활과 그 권리는 외면당해왔다. 그러한 이유로 잠시 머물다 성남이란 도시를 떠나버리는 사람들이 점점 늘어났다.

열악한 도시 환경을 개선해야했다. 분당과 판교는 나름대로 잘 계획된 신도시로서의 형태를 갖추었지만 아픔을 갖고 태어났던 중원구와 수정구는 전혀 그렇지 못하다. 주민들도 소유주나 세입자나 재개발을 한다고 마냥 좋을 수는 없었다. 그러한 지역을 재개발하려니 문제도 보통 문제가 아니었다. 특히 세입자에 대한 배려 없이 재개발을 하려니 재개발에 대한 주민들의 끊임없는 저항이 벌어지곤 했다. 고도제한 완화 등 주민들의 생활과 재산권에 대한 문제를 해결하지 않고 행정편의 방식의 재개발만 외쳐대니 주민들은 소외될 수밖에 없었다. 그러한 현실 속에서 성남 시민들은 공공성을 전제로 한 재개발 이주단지 조성과 세입자 임대아파트 확보를 전제로 하는 공공재개발정책을 갖게 되었던 것이다.

그러나 어느 도시나 마찬가지이듯 재개발은 개발업자와 공무원이 유착한 사리사욕 채우기에 급급한 경우가 많은 것이 사실이다. 좋은 뜻에서 시작한 개발정책이 영세한 가옥주들에게는 그림의 떡일 뿐인 것이다. 뿐만 아니라 정책도 갈팡질팡하여 수시로 재개발정책을 전면 재검토 하는 행정은 큰 혼란을 초래하곤 했다.

성남시는 중앙정부의 정책적, 재정적 지원방안을 끌어내는 노력도 부족한 실정이다. 재개발 추진과 관련하여 시민사회의 공론화와 합의를 이끌어내는 과정도 어려움이 많았다. 그러니 수정구, 중원구의 30년 숙원사업에 대한 성남시의회 차원의 능동적 대처는 당연한 일 아니겠는가.

그런 차원에서 김병량 전시장은 순환방식재개발 용역을 시행했었다. 순환방식재개발이란 국토해양부와 함께 택지개발이란 이름으로 임대아파트를 짓고 재개발지역 영세 가옥주가 재개발 기간 동안 임대아파트에서 살다가 재개발된 아파트에 정착할 수 있도록 하는, 그 당시로서는 국내 최초의 정책이었다.

그러나 이대엽 씨가 시장이 된 이후로 이 정책이 크게 흔들렸다. 공영개발 방식보다는 민영개발 방식을 추진했기 때문이다. 여유 있는 사람들은 민영개발 방식을 해도 별 문제가 없겠지만 아무리 빨라도 2~3년은 족히 걸리는 아파트 공사 기간 동안 영세 가옥주들은 어디서 어떻게 산단 말인가?

나는 우리 지역에 어울리지 않는 민영개발 방식을 막기 위해 의회 안에 '재개발정책특별위원회'를 구성하였다. 의회에서 '민·관·정 공동기구를 통하여 정부 차원의 제도적, 재정적 지원 대책을 시급하게 마련해야 함'을 여러 차례 강조하였다. 또 성남시 재개발사업의 원활한 추진을 위한 성남시의회 재개발정책특별위원회 구성을 수차례 제안했다. 상임위원회와도 지속적으로 협의를 했다. 그리고 선배·동료 의원들 23명의 동의와 서명으로 성남시의회 재개발정책특별위원회 설립을 정식으로 발의하였다. 그 당시 의회는 지금과 달리 정당공천제가 아닌 무공천 시대였고, 시의원들도 재개발정책에 대한 이해도가 낮은 편이었다. 당시 재선의원이었던 도시건설위원회 한선상 의원이 '재개발정책특별위원회'의 위원장을 맡았고, 내가 간사를 맡았다. 나는 '재개발정책을 제대로 이해하자'는 취지에 맞게 활동방향과 범위, 집행부에 대한 자료 요구, 쟁점사항 정리, 위원회의 기조 마련, 워크숍을 비롯한 각종 행사 등을 체계적으로 정리하여 제대로 된 재개발 정책을 펴기 위해 노력하였다.

민선3, 4기에 이르러 '도시 및 주거환경개선정비법'이 세워졌다. 영세 가옥주 보호가 이 법의 핵심적인 과제였다. 성남시는 LH공사와 업무협약을 맺고 기금조성을 비롯한 다양한 과제를 협의했다. 민선4기 말엔 중3구역과 단대구역에 순환방식 재개발이 시행되었으나 좋은 결과를 얻지 못했다. 재정착율이 30%를 밑돌았던 것이다. 아파트 분양가격이 터무니없이 높고, 더욱이 성남의 고도제한 때문에 전용율이 떨어져 세대 당 부담하는 가격은 더 비싸질 수밖에 없었다.

열악한 환경의 성남시 도시공간은 재편성되어야 한다. 노후주택을 쾌적한 주택으로 개량하거나 다시 지어야 한다. 그러나 예나 지금이나 미래에도 우리가 절대 잊어서도 무시해서는 안 될 핵심적인 콘셉트는 영세 가옥주와 세입자 보호 문제이다.

재개발정책특별위원회는 성남시의회 재개발정책의 입장을 정리하고 주민들의 재개발 민원에 대한 흐름을 조정해 지역 주민과 관련 전문가의 다양한 의견을 수렴하기 위한 것이다. 무엇보다도 바람직하고 성공적인 재개발정책의 마련 및 추진이 시급한 과제였기 때문이다. 그를 통해 중원, 수정, 분당, 판교의 불균형 발전을 해소할 수 있다고 굳게 믿었다.

성남시의회 재개발정책특별위원회는 2004년 9월 21일에 시작하여 2006년 4월 11일까지 1년 8개월 동안 활동하여 결과보고서 및 국고 지원 요구를 위한 특별법 개정 촉구 결의안을 채택하였다. 촉구결의문은 내가 낭독하였다.

도시재정비 촉진을 위한 특별법 개정 촉구 결의안!

성남시 구시가지는 1968년 정부와 서울시가 청계천 정비사업 과정에서 발생한 이주민의 집단 이주로 형성된 도시로 전국에서 인구밀도가 제일 높고 기반시설 부족과 건축물이 노후되어 주거환경이 극히 열악한 실정이다.

정비예정구역 내의 건축물이 대부분 20여 평 분양지 내에 세입자로 이주대책 없이 정비사업을 시행 시에는 지역 내 전세난 및 주택수급의 불균형 상태 발생 등이 예상되며 순화정비방식에 의거 재개발을 시행하는 것으로 정비사업을 추진 중에 있다. 20평 내외의 영세 가옥주로 구성되어 있는 지역 특수성을 감안하여 도시정비사업 시행 후 거주민의 재정착과 주민 부담이 경감될 수 있도록 기반시설 설치비를 우리시에서 지원할 계획이나 21개소 도시정비구역에 기반시설 설치비 등에 소요되는 사업비가 8,100억원에 달하여 우리시 자체 예산 확보로는 어려운 실정이다. 따라서 2005년 12월 30일 정부에서 낙후된 지역에 도시정비사업 촉진을 위해 절차 간소화와 건폐율, 용적률 등을 완화하는 특례사항을 부여하여 제정한 도시재정비 촉진을 위한 특별법을 우리시에 적용할 수 있도록 특별법 관련조항의 개정을 강력히 촉구하며 다음과 같이 결의한다.

하나. 정부는 재정비 촉진지구의 지정규모를 주거지형은 50만m^2에서 20만m^2로, 중심지형은 20만m^2에서 10만m^2로 축소하여 조정 개정하라.

하나. 재정비 촉진지구 지정에 따른 행위제한을 단계별로 구분하여 행위 제한할 수 있도록 개정하라.

하나. 우리시와 같이 정부, 지자체의 도시민 집단 이주 정책으로 형성된 낙후지역에 대한 도시정비사업에 대하여는 정비구역 내 정비기반시설 설치에 소요되는 비용의 50%를 국가에서 지원하는 것으로 개정하라.

하나. 순환정비방식으로 시행 시에도 국민주택기금융자 의무조항을 특별법에 규정하라.

하나. 기 확보된 도시, 주거환경정비기금을 재정비촉진특별회계로 전용 가능하도록 하는 내용을 특별법에 규정하라.

2006년 4월 19일

성남시의회의원 일동

'눈 가리고 아웅'하는 재개발은 안 돼

재개발이란 파괴와 건설의 과정이다. 재개발에서 내가 우려하는 부분은 건물이 파괴되면서 공동체, 이웃까지 파괴되어서는 안 된다는 것이다. 영세 가옥주나 세입자들이 안정된 삶을 유지할 수 있어야 하는데 재개발이라는 명목 하에, 자본의 논리에 의하여 아파트가 들어선다고 할 때 원주민들이 입주할 수 있을 것인가 없을 것인가는 너무나 중요한 과제이다.

나는 과거에 서울의 상계동, 창신동 등 재개발지역을 다니면서 영세 가옥주와 세입자들의 주거복지 문제에 접근해 살펴보았다. 우리 성남시 재개발은 중원구와 수정구의 사활이 걸린 문제이기도 하지만 분당구와 판교 개발과도 연계하여 살펴보아야 한다. 무엇보다 시의 균형발전으로 개발 성과가 시민에게 온전하고 돌아갈 수 있어야 하는 것이다. 30년 이상 20평 분양지에서 살아왔던 이 시민들이 쫓겨나지 않고 재정착할 수 있는 재개발의 논리가 끝까지 지켜져야만 한다.

그러나 현실의 자본 논리는 그렇지 않다. 재개발을 통해서 재개발 이익을 선점하고자 하는 보이지 않는 세력들이 있다. 그들만이 미소를 짓고 있었다. 성남시가 우왕좌왕하는 사이에 최근 수정구의 22.2%, 중원구의 23.2%가 부동산 거래시 개발업자들만 반사이익을 얻고 있다는 조사가 나왔다. 이는 재개발사업의 진전 여부와 상관없이 개발업자들이 부동산을 독점하고 있다는 증거라고 할 수 있다.

　도시환경정비법도 시에서 큰 관심을 가져야 하는 테마이다. 주민참여 마을 만들기를 통해 주민이 시를 믿을 수 있는 정책을 펴 궁극적으로 공동체문화를 형성해야 하는 것이다. 근본적으로는 재개발의 필요성까지 주민들이 참여해서 함께 판단해야 할 것이다. 특히 서울시 철거민의 집단이주에 따른 급속한 도시화로 인하여 도시재개발사업 시행에 대한 주민욕구의 증대, 인구의 과밀화, 도시기반시설 부족, 도시환경의 악화, 분당구 신시가지와의 불균형 발전, 사회적 갈등, 중원구 수정구 구민들의 절절한, 특수한 문제를 해결해야 함은 성남시의 특성상 재개발 및 주거환경개선사업의 기본목적임은 두 말할 나위도 없을 것이다.

　2001년 12월의 성남도시재개발기본계획의 용역보고서, 그리고 2003년도의 성남시 도시 및 주거환경정비기본계획안을 살펴보면 군용항공기지법 개정, 도시계획조례 변경, 도시 및 주거환경정비법 제정 등에 따른 기본계획 변경, 그리고 변화된 여건에 적합한 사업성 및 사업방식의 재검토도 꼭 필요하다.

나는 '눈 가리고 아웅' 하는 식의 재개발이 되어서는 안 되며 사업성이 있니 없니 하는 도시공학적 측면에서만 바라봐서는 안 된다고 생각한다. 도시를 파괴하고 건설하는 과정에 주민참여와 각계각층의 전문가, 또 성남시와 의회 당사자 간의 의견을 인내하며 수렴하는 구조화된 팀 운영도 대단히 중요한 문제이다. 개발계획을 수립하는 단계에서는 더욱 더 중요하다.

나는 시의원으로서 시청의 기본계획 내용에 결함이 있다는 점을 분명히 지적했다. 재개발이주단지의 규모와 시기가 불일치한 측면도 지적하지 않을 수 없다. 사업을 추진하다 보면 맞지 않을 수도 있다는 것은 그야말로 변명에 불과하다. 용역 조사결과 일치하지 않은 점들을 반드시 바로잡아야 한다. 뿐만 아니라 재개발 이주단지 조성안에 대한 충분한 설명도 없어 이에 대한 설명도 요구했다.

예산편성의 문제점도 지적하지 않을 수 없다. 기금관련 조례상 매년 200억씩 조성해야 함에도 불구하고 2004년도의 중기지방재정계획에는 190억, 본 예산서에는 90억 밖에 투자계획을 세우지 않은 것은 야탑동 주차장 부지매입비로 362억이 편성된 것에 비해 형평성이 없는 것이고, 이런 예산들이 재개발기금으로 활용돼야 된다고 강력히 주장하였다.

상대원2동 주민들은 특별히 개발욕구가 어느 지역보다도 강한 지역이다. 90% 이상이 쾌적한 주거환경 조성을 위한 의지가 담긴 지역이다. 뿐만 아니라 상대원2동은 100%의 단독주택단지인데 그 앞 도로인 희망로는 심각한 상습정체구역이다. 이 희망로를 확장하지 않고는 재개발, 재건축이 무슨 의미가 있겠는가.

나는 도로망정비장기계획을 중기계획으로 투자계획에 포함시켜야 할 뿐만 아니라 상대원2동을 2004년도 도시 및 주거환경정비계획용역 수립 시에 희망로를 포함하여 수립하는 방법이 타당하다고 주장했다. 그리고 기존 일부 단독주택 사업 시행업자가 도시기반시설을 일부 부담하는 재건축방식을 추진해야 한다고 주장했다.

또한 재개발·재건축사업의 속도 조절을 촉구했다. 그 당시 용산 철거민 사망사건을 계기로 언론과 학계, 서울시 등에서는 가옥주와 세입자 모두가 만족하는 재개발은 '순환재개발방식'이라는 평이 나오고 있었다. 그러나 정작 당사자인 성남 순환재개발은 형평이 맞지 않는다며 지역주민들의 원성도 나오고 있는 실정이었다. '헌집 주면 새집 준다.'는 이런 재개발이 서민 가옥주와 세입자인 원주민이 재정착하는 데 지장을 주는 요소가 있다면 정책과 예산으로 대답해야 할 절실한 시점이었던 것이다.

주거환경개선사업

상대원2동과 3동은 건축연한이 20년 이상 된 가옥이 80%를 넘어서고 있었다. 이중 두세 집 중 평균 한 개 정도의 전세방이 비어 있으며 15평짜리 1개 층에 대한 전세보증금이 2,000만원 채 안 되는데 전세

들어올 사람은 별로 없고 빈방만 늘고 있는 영세 가옥주들은 경제적으로 어려움에 직면해 있었다. 2002년만 보더라도 상대원2동 2,000명, 상대원3동 1,000명, 상대원1동 2,000명의 인구가 줄어 합계 5,000명이 감소되었다. 주거환경이 얼마나 열악하면 세입자가 급격히 줄어 떠나는 동네가 되었겠는가.

민선2기에 세웠던 순환정비방식의 재개발 기조가 민선3기에 뒤흔들리다 그나마 1단계 계획이 공영개발방식으로 유지된 채 진행되고 있었지만 2단계 3단계 계획은 이주방법에 대한 대안 부재로 중대형 아파트 건립을 요구하는 민영개발 방식의 요구가 거세게 일었다. 이는 민선 3기 이대엽호의 무능행정의 결정판이라고 볼 수 있다. 소위 순환정비방식의 재개발계획을 세웠다면 이주단지 확보에 대한 절대적 노력이 있었어야 함에도 불구하고 건설교통부 등 중앙정부에 대한 배타적 적대관계로 말미암아 독불장군 행정이 그 지경을 만든 것이다. 민선3기에 성남 행정은 뒷걸음질치고 있었던 것이다.

수정·중원구의 30년 역사의 가장 큰 문제점은 인구 과밀과 과소토지 밀집지역의 도시기반시설이 열악하다는 점이었다. 그러던 중에 노후하고 열악한 주거환경을 쾌적한 주거환경으로 바꾸고, 기성 시가지와 새로운 신시가지간 도시 환경의 격차를 좁히고 균형적 발전을 이루기 위한 성남시도시정비사업이 정부로부터 승인되었다.

2001년 12월 건설교통부 장관으로부터 성남시 도시재개발 기본계획이 승인된 것이다. 2002년 8월엔 군용항공기지법이 개정되어 고도

제한이 12미터에서 45미터로 변경되었다. 우리 성남시민들은 이런 상황을 기대와 우려 속에서 기다려왔다. 그러나 민선3기 이대엽호는 출범 후 민선2기 당시 마련된 재개발 기본계획을 전임 시장의 정치적 도구로만 이해하는 편협함으로 손 놓고 있다가 2004년 6월에 와서 도시 및 주거환경정비 기본계획 수립 용역에 착수했다.

그 당시 성남시 재개발정책은 우왕좌왕 4년째 표류하고 있었다. 믿음을 전혀 주지 못하여 불신 행정을 초래했다. 예를 들어 가장 어려운 서민지역으로 일컬었던 은행2구역부터 주거환경 개선사업을 현지 개량방식으로 추진하려 했던 계획이 은행2동 주민 입장에서 보면 기존 계획을 역행하고 있었다. 일반 예산인 도시계획시설사업으로 하는 것은 행정 편의주의적인 발상으로 볼 수밖에 없었다. 민선3기 이대엽 시장에게 재개발을 맡길 수 없다고 하는 탄성까지 무수히 나왔다. 이주단지 및 세입자 임대주택 정책도 없고 그동안 수없이 의회에서 제기했던 재개발 관련 사안에 대해 시장이 직접 건설교통부 장관이나 대한주택공사 사장 등을 만나 진지하게 논의해본 사실을 눈 씻고 찾아봤지만 없었다. 한 마디로 민선3기는 재개발 관련 연구용역만 하는 것으로 보였다.

밀어붙이기식 이명박 프로젝트의 일환인 왕십리 뉴타운 개발로 땅값이 폭등하고 오히려 지역주민의 갈등만 커지는 악영향이 우리 시에도 그대로 펼쳐질까 걱정이었다. 결국 도시 기능을 재생시키지 못하고 기존 가옥주가 정착을 못하고 쫓겨나는 재개발 정책이 펼쳐지면 절대 안 된다.

위험한 주거환경을 개선하는 목표는 주거가 복지, 삶의 공간으로 변화하는 것을 의미한다.

2001년 당시에 재개발 관련법에 근거해서 세워진 재개발 기본 틀이 있음에도 불구하고 갈팡질팡 행정으로 주민 공감대를 형성하는 데는 실패하여 엉뚱한 정비업체들만 난립하여 땅값 폭등만 부채질하는 꼴이었다. 이런 상황에서 우리 성남시의회는 재개발정책특별위원회를 구성해서 순환재개발의 원리를 기본으로 한 지속 가능한 재개발을 추진하고 시 정부의 정책을 바로 잡고자 노력했다. 재개발의 문제는 수정·중원구의 사활이 걸린 문제였기 때문이다.

햇수로 11년 만에 도시계획심의회로부터 정비구역으로 지정되었다. 조합추진위원회 구성으로 주민 동의를 받아 민주적으로 추진할 수 있게 되어 더욱 다행이다. 용적율이 높아야 시공사들도 사업성이 있어 참여율이 높아질 것이고, 주민들의 불편함도 줄어들 것이다. 아파트 분양을 투기로 하는 시대는 지났다. 주거의 개념이 복지의 공간, 삶의 공간으로 이어져야 한다. 정책적인 방안으로 무엇이 있을까 끊임없이 연구하는 것이 내가 가진 숙제라면 숙제이다.

고도제한 완화

단지 서울공항과 가깝다는 이유로 성남시민들을 40여 년 가까이 괴롭힌 문제는 고도제한이다. 공항이 시민들의 고통지수에 한몫 단단히 했던 것이 사실이었다. 고도제한 철폐를 위한 사업은 어렵고도 어려웠다.

서울공항은 1971년 군용비행장이던 여의도비행장이 성남으로 이전하면서 성남 발전의 저해 요소가 되었다. 당시는 성남시가 출범하기도 전이므로, 또 무소불위의 박정희 정권 시절이므로 아무 문제없이 비행장을 건설했을 것이다. 건설 당시 군용항공기지법은 전시 항공안전을 위해 비행장 주변 고도를 12미터(3층 높이)로 제한했다. 성남시가 탄생하면서 고도제한이 시의 발전을 가로막고 있다는 인식이 생겼고 민원과 항의와 읍소로 30여 년만인 2002년 고도제한이 45미터 (14층)로 완화되었다.

2007년 12월, 민주당과 참여정부의 노력으로 각 기지별 지역의 특수성을 고려한 고도제한 완화가 가능하도록 군사기지 및 군사시설보호법이 만들어졌다. 그러나 100만 성남시민의 숙원사업인 고도제한 완화는 거북이 행보를 보이며 2년이 넘도록 해결책이 감감무소식인 반면 일개 재벌인 롯데월드의 숙원사업에는 제트기와 같은 속도로 해결책이 마련되고 건축허가 절차를 마무리해가고 있었다. 이대엽 전시장은 고도제한의 완전한 해결을 위한 노력보다 통합시 추진에 행정력 낭비와 주민갈등만 야기하고 있어서 안타까움을 더했다.

나는 고도제한과 관련해 성남시가 소극적인 태도로 일관하고 있는 점을 지적하였다. 목마른 자가 우물을 팔 수 밖에 없는데도 정작 성남시장은 고도제한 문제를 같은 당 소속 대통령 MB만 믿는다는 실정이었다. 게다가 국회 국방위원회 공청회에서 나온 공군의 답변은 고도제한 문제는 신중히 고려해 검토할 사항이라는 부정적 답변뿐이었다.

제2롯데월드 신축 계획은 10년째 반려되다가 이명박 대통령이 취임하면서 신속하게 허용 결정이 났다. 대통령의 말 한마디로 경제위기 극복 운운하며 친재벌 정책으로 국가안보와 바꿔치기로 비춰지고 있어 공군의 사기를 땅에 떨어뜨린 상태임을 주목했다. 그 중요한 고도제한 철폐문제를 한나라당은 비협조적으로, 그리고 눈에 보일 정도로 지방선거를 의식한 이벤트로 활용하려 하였다. 나와 민주당 의원들은 40년 가까이 최악의 주거환경에 머물러 있는 성남시민의 고통을 해결하고 새로운 도시 재생과 주거 복지에 기여하는 국방부와 공군이 되도록 다양한 경로를 통해 이 문제를 해결하려 노력하고 있었다.

아울러 민주당은 같은 성남 서울공항임에도 일개 재벌 민원에는 555미터(112층) 초고층 건축허가로 답하면서도, 100만 시민의 숙원사업이며 지역경제 회생과 도시 재생사업을 통한 성남판 뉴딜정책인 고도제한 해결에는 묵묵부답으로 일관하고 있는 정부의 태도에 대해 규탄하며 조속한 해결을 촉구하는 천막농성을 모란장에서 펼쳤다. 고도제한 완화는 정부 돈 한 푼도 안들이고 해결하는 민생규제 완화책이기도 한 바, 이명박 정부가 진정 국민을 위한 정부라면 전향적 자세로 조속히 대안마련을 할 것을 강력히 촉구하였다.

서울공항 앞에 가서 시위도 했다. 국방위원회에 가서 고도제한에 관한 방청도 하며 할 수 있는 한 압력도 놓았다. '고도제한범시민대책위원회'에 참여하여 투쟁했다. 성남시민들의 한결같은 염원과 끊임없는 노력으로 2010년 5월, 고도제한은 45미터에서 최고 165미터로 완화되었다.

주거취약 계층을 살펴야

지난 역사를 돌이켜보면 '민주주의'를 입에 담았다는 이유 하나만으로도 철창신세를 져야 하는 시기도 있었다. 한때는 '복지'를 입에 담기만 해도 진보주의자라는 낙인을 찍는 시기도 있었다. 그러나 역사적으로 복지는 보수의 담론이다. 물론 지금은 복지가 보수만의 담론은 아니다.

무상급식, 무상의료, 반값등록금 등 복지에 대한 주장과 이슈 확대는 봇물 터지듯이 쏟아져 나오고 있다. 그러나 복지 중에서도 주거복지 만큼 중요한 사안이 또 있으랴. 우리 성남시의 주거복지 상황은 한마디로 수요보다 공급이 적어 수혜체감도가 매우 낮다. 2011년 매입 및 전세임대 시군별 배정물량을 보면 더욱 차이가 있어 적극적인 주거복지대응이 필요하다. 전달체계 또한 다원체계로 구성되어 실효성을 거두지 못하고 있다.

보편복지의 현실화를 위하여, 우리시의 특수성을 감안하여, 배정물량의 확대 요구를 강력히 해야 하며 성남시 주거복지기본계획을 수립하여 통합서비스 전달체계를 구축하는 것은 마땅한 일이다.

21세기는 신자유주의로 인한 양극화로 나라 곳곳이 몸살을 앓고 있다. 이제 자유주의자들도 복지를 이야기하고 있다. 그런데 복지를 자세히 들여다보면 그 선별적인 복지를 흉내 내는 수준에 머물러있음을 알 수 있다. 금광동과 상대원동의 주거 취약계층 실태를 보면 여전히 피폐하고 낙후되어 있다. 특히 집조차 없는 노숙인들, 그룹 홈에 거주하는 클라이언트들, 독거노인은 물론 전·월세 값 상승으로 지하로 떠밀려가는 사람들이 너무 많다. 광주, 오포, 여주, 이천으로 이주하는 사람들이 부지기수이다.

나는 우리 시의 도시 및 주거환경정비기본계획상의 단순 임대아파트 건립에서 머물 것이 아닌 당면의 주거복지 문제 해결을 위해 통합적제도 틀 마련과 취약 계층의 주거수준을 한 단계 높여주는 최저 주거기준을 설정하여 중장기계획에 반영하는 정책을 마련해나가자고 집행부와 동료 의원들에게 간곡히 진언하였다.

가난한 사람들은 더 많이 아프다

시립의료원을 조속히 설립하라

"가난한 사람들은 더 많이 아프다는 사실을 아십니까?"

성남시 기초생활수급자 및 빈곤층의 건강권 강화를 위해 지방의료원 건립과 관련한 내 질문의 첫마디였다.

성남엔 특히 저소득자가 많은데 저소득환자가 입원을 했다가 퇴원을 해도 마땅히 갈 곳이 없어서 바로 병원을 나서지 못하는 경우가 많았다. 일반적으로 병이 생기면 병원에 입원한 후 어느 정도 회복이 될 때쯤엔 퇴원하여 집에서 가족의 병수발을 받으면 좋지만, 돌봐줄 가족이 없는 사람들은 퇴원을 못 하는 경우가 많았던 것이다. 이러한 의료급여환자를 대책 없이 병원에서 내모는 것은 참으로 잔인한 일이었다.

그 당시 의료급여 재정지출이 급증하고 있는 것이 사실이었다. 복지부 자료에 의하면 환자 수가 매년 30% 가량의 증가를 보이며 건강보험 진료비 지출 증가율을 앞지르고 있었다. 의료이용이 높은 노인 인구가 건강보험에도 6.3%인데 비해 의료보호대상자 중에는 19.1%를 차지하고 있었다. 의료급여 1종 환자의 진료비가 근로능력이 있는 2종 환자보다 높은 것은 그만큼 1종 환자의 질환이 중증임을 말하는 것이었다.

예를 들면 만성신부전증, 혈우병, 백혈병 등 고액진료비가 발생하는 만성 중증 및 희귀질환자들이 의료급여로 편입되거나 근로능력이 있는 2종 대상자가 질병에 걸려 1종으로 전환됨으로써 의료급여 재정 지출은 늘어날 수밖에 없었던 것이다. 의료보장 사각지대에 있는 잠재적 빈곤층들은 건강보험료를 납부하지 못하거나 체납상태에 놓여 있고 돈이 없어 병원에 못 가는 신세에 놓인 이들이 많았다.

이 분들을 위한 시립병원은 당연히 성남 지역사회의 이슈였다. 공공의료 인프라 구축이라고 하는 즉, 의료보장이라고 하는 사회복지보다 더 중요한 복지가 어디 있으랴. 물론 시의원 중엔 지방의료원에 대한 부정적 견해도 있었다. 부정적 견해 중에 가장 큰 목소리는 수익적인 측면에서 운영적자라는 점이었다. 그러나 강릉의료원의 예를 보면 동일규모의 민간병원과의 진료비 차액을 보존해 주어 1999년에 약 10억 원의 흑자경영을 하였으며 부산의료원은 56억원의 흑자경영 사례도 있음은 벤치마킹의 대상이기도 했다. 나는 그 점을 의회에서 강조했다.

게다가 그 당시 이대엽 시장도 선거공약으로 성남시립병원 건립을 약속하였다. 그러나 말뿐이었다. 나는 이대엽 시장에게 강력하게 요구하였다.

"민선3기는 살맛나는 복지도시 실현을 시정의 최우선과제로 선정했습니다. 피부에 와닿는 복지시책에 지방의료원 설립은 당연한 얘기입니다. 그런데 지난 시정연설 내용에는 왜 없습니까? 시민사회의 여론을 외면하지 말아 주십시오."

그리고 민주당 의원이 주축이 된 20여명으로부터 동의 서명을 받아서 대표 발의하였다. 나를 비롯한 민주당 의원들의 끊임없는 노력으로 성남시의회 내에 '시립병원설립특별위원회'가 구성되었고, 1차적으로 80억 원의 예산이 통과되어 구성남시청 자리에 제생병원이나 차병원보다 큰 500병상의 병원설립이 결정되었다.

성남시 중원구와 수정구엔 인하병원이 있었는데 운영난, 재정난으로 문을 닫았다. 분당엔 차병원과 서울대병원이 있지만 거리상의 문제도 있고, 수많은 응급환자들을 다 커버하기가 쉽지 않았다. 게다가 민간병원들은 가난한 환자들이 치료받고 입원하는데 재정적 어려움이 많았다. 결정적으로 수정구, 중원구엔 민간병원조차 없었던 것이다.

기성 시가지 주민들의 건강을 책임질 병원이 필요했다. 시민의 세금으로 시민의 건강을 지키는 것은 시의 의무이고 책임이지 않은가. 서민들이 이용할 수 있는 가까운 병원이 너무나도 필요했다. 이러한 사회적 분위기 속에 '성남시립병원설립본부'라는 이름으로 시민단체가 구성되어 시정책에 대한 비판을 넘어선 대안운동이 펼쳐졌다. 나는 그 뜻에 적극 동의하며 사회복지사 출신으로서 의회 안에서 적극적인 활동을 펼쳤다. 시 행정부에 대해 의회 안팎에서 체계적인 압박이 들어간 셈이 되었다.

적자, 흑자 논쟁이 문제가 아니다

그러나 어려움이 많았다. 의회 안에서도 설립 반대파가 많았다. 주로 한나라당 의원들이었다. 애당초 '시립병원이 흑자가 날 것이냐? 적자가 날 것이냐?'로 판단하면 안 될 일이었다.

"적자, 흑자 논쟁이 말이 되느냐? 종합운동장이나 아트센터는 흑자 내려고 세웠느냐? 소중한 인권을 지닌 환자들을 소득의 대상으로 하면 되겠느냐? 시민이 낸 세금을 시민을 위해 쓰는 게 잘못 되었느냐?"

나는 동료 의원들을 향해 목소리를 높였다.

'가난한 거지들만 오는 병원이 될 것'이라고 비아냥거리는 사람들도 있었다. 거지도 치료받아야할 시민 아닌가. 그 누가 뭐라 해도 비싼 의료비를 감당하기 힘든 사람들, 가난한 사람들도 찾을 수 있는 시립병원은 너무나도 절실하고 절실한 문제였다.

시민사회에서 주민발의로 서명, 접수하여 의회에서 심사하였으나 부결되었다. 나도 의원대표발의를 하였다. 상임위원회에서는 통과되었다. 그러나 이대엽 시장은 말로만 하는 척 했지 행동으로는 옮기지 않으며 시간 끌기에 급급했다. 그때 한나라당은 시립병원이 아니라 민영병원을 세워야 한다는 주장을 폈다. 이대엽 시장도 한나라당의 내부결정에 따라 행동하고 있었다.

　시민사회에서 2차 발의를 하였다. 나는 다시 한 번 시민사회의 발의를 적극 수용하며 의회 안에서 관철시키려 최선의 노력을 경주했다. 끊임없는 성남시민들의 복지에 대한 염원과 의회 안팎에서의 협공은 마침내 성사되었다. 조례제정이 된 것이다. 원래 내가 만든 조례에서 일부만 변경하여 이대엽 시장이 조례를 만들었다. 한마디로 '장미꽃을 뺏어가는 꼴'이었다. '재주는 곰이 부리고 돈은 왕서방이 번다'는 속담이 생각났다. 그러나 나의 억울함보다는 시민들의 건강, 시민들의 복지가 훨씬 더 중요한 일이었다.

　민선5기에 들어 시립의료원 설립 조례가 다수당인 한나라당에 의해 폐지되었다. 의회 안에선 끊임없는 찬반논의가 이루어졌다. 또다시 적자, 흑자 논쟁이 펼쳐졌다. 한나라당은 자기들이 주도한 걸로 변경하려 노력하였다. 서울대학병원에 위탁해야한다는 강제규정을 넣자고 주장했다. 당시 신상진 의원과 신영수 의원은 기존의 의료법을 개정해가면서까지 강제규정을 삽입했다.

　위탁이든 재단설립이든 어떻게든 병원은 필요했다. 그래서 하자는 대로 해주고, 찬성표를 던졌다. 결과적으로 우리는 해냈다. 인내력으로 해냈다. 시립의료원은 시민사회단체의 힘으로 이루어낸 쾌거였다. 이재명 시장은 당시 시립병원설립위원장 공동대표로서 끊임없이 노력하고 고생이 많았다. 경찰에 쫓기기도 많이 쫓겼으며, '시립병원 세우러 시장 출마한다'고 할 정도로 병원에 대한 애착이 컸다.

의료법인 성남시립의료원 사무소 현판식에서 축사를 했다.

2003년도부터 적극 시도하였던 시립병원 사안은 시민들과 함께 수없는 난관을 극복하며 10년만인 2013년에 기공식을 했다. 나는 시민사회와 파트너쉽을 갖고 예산을 세우며 마침내 병원 설립을 이루어 낸 기쁨에 젖었다.

아이들이 당당하게 밥 먹는 사회
– 학교급식지원조례

수정, 중원구엔 기초생활수급자 가정이 많다. 그에 따라 등교할 때 도시락을 못 싸오는 아이들이 많았다. 그런 아이들만 골라서 급식을 지원하는 제도도 있었으나 그 아이들은 밥을 얻어먹는 부끄러움과 열등감에 젖곤 했다. 이것은 '얘는 가난한 집안의 아이다'라는 또 하나의 낙인이 되었다.

이런 환경 속에서 '학교무상급식추진운동본부' 등 시민단체들과 성남시의회 야권 의원들은 조례제정운동을 펼쳤다. 뜻을 함께 했던 나는 이런 분위기에 힘입어 '성남시 학교급식지원에 관한 조례'를 발표했다. 국가적으로 진보진영과 보수진영의 무상급식 논쟁이 펼쳐지기 전부터 성남시에서는 무상급식을 추진하고 있었던 셈이다. 이대엽 시장에게 지원조례를 밀어붙여 할 수 없이 제한적으로 실행하기 시작했던 것이다.

"아이들이 밥 굶지 않게 하자. 밥을 먹어도 눈칫밥 먹게 하지 말자.

성남시는 무상급식 논쟁 이전부터 무상급식을 시행한 셈이다.

기초생활수급자로 낙인 찍히게 하지 말자. 시민들이 낸 세금으로 이 세상 가장 소중한 아이들이 그 혜택을 받게 하자. 그리고 그것을 기초 의회에서 시작하자."

이러한 생각으로 나는 '학교급식지원조례'를 대표발의 했다. 이 조례는 학교급식을 통해 성장기 학생의 건전한 식생활습관 형성 및 심신의 발달을 도모하고 국내와 지역에서 생산되는 친환경 농·수·축산

물 급식에 대한 높은 관심이 다양하게 제기되므로 이를 제도화하여 도시 자녀의 건강과 농촌 살리기를 동시에 이루고자 하는 조례이다. 당연히 내가 할 일이었다. 이런 복지를 실현하자고 의회로 온 내가 아닌가. 나는 성남시 무상급식의 단초를 제공했다고 자부하고 있다.

처음에는 '초등학교 1학년부터 하면서 점차 확대하자', '아니다. 초등학교 6학년부터 아래로 확대해가자'는 논쟁이 많았다. 식자재납품 업체도 '민간위탁으로 하자', '아니다. 직영시스템으로 가야한다' 등 의견이 분분했다. 안전성이 우선이라는 시민사회의 요구들을 나는 시의원으로서 적극적으로 의회에 반영했다.

김상곤 교육감 이후에 경기도교육청으로부터 예산의 50%를 지원받게 되었다. 경기도교육청은 처음에 30%만 지원하려 했지만 이재명 시장의 강력 대처로 50% 지원을 받게 되었다. 급식도 교육의 과정이다. 이 중요한 문제는 당연히 선택적 복지가 아닌 보편적 복지로 이루어져야 한다. 이 문제와 관련하여 전 서울시장이었던 오세훈 씨의 서울시민 투표와 사퇴 사건도 있었듯이 많은 굴곡 끝에 결국 무상급식은 전국적으로 실현되어가고 있다. 나는 아직도 이 일을 눈칫밥 먹던 아이들을 당당한 밥 먹는 아이들로 바꾼 역사적인 일이라 생각하고 있다.

어르신들께 건강을
– 노인급식지원조례

"지 의원. 우리 경로당에 쌀 좀 지원해줄 수 없을까?"

나에게 쌀 지원을 부탁하는 어르신들이 많았다. 외로움을 해소하기 위해 경로당에 나오지만 쌀이 없어 밥 굶는 경우가 많았던 모양이다. 나는 처음에 독지가들에게 부탁하여 수차례 쌀을 지원했지만 끝없이 지원을 요청하기는 염치가 서지 않았다.

수정구와 중원구엔 독거노인, 맞벌이부부가정 노인, 몸이 불편하신 노인들이 많았는데 노인들 식사를 위한 복지제도가 안 되어있는 상황에서 밥 굶는 노인들에게 균형 잡힌 영양공급을 하자는 취지에서 '노인급식지원조례'를 상정하였다. 경로당 식당에서 식사를 하든, 집으로 도시락을 배달하든 한정적인 민간단체 지원에서 벗어나 시 차원에서 복지지원책으로 공적인 지원을 하자는 의미였다. 그래서 쌀 지원이 이루어졌다.

"지 의원, 식사도우미도 지원해줄 수 있을까?"

노인급식지원조례' '학교사회복지활성화 지원조례' 등 2009년 활동이 인정받아 2010년 전국 시, 도의회 의장협의회가 주관하는 지방의회 우수사례 시상식에서 최우수상을 받았다.

사실 나이 많으신 어르신들이 직접 밥과 반찬을 하는 게 쉬운 일은 아니었다. 행여 일하는 도중에 다치는 것도 큰 문제가 아닐 수 없었다. 식사도우미는 65세에서 70세 정도의 비교적 젊은 노인들이 식사도우미로 선정되어 소일거리를 하며 더 나이 드신, 기력이 약하신 분들의 식사를 돕는 것이다. 한 달에 약 20만 원 정도의 용돈벌이를 할 수 있다. 식사도우미는 지난 선거 때 나의 공약이기도 했다. 그리고 그 공약은 현실화됐다. 아마도 젊은 노인 3000여분이 식사도우미, 금연캠페인도우미, 환경지킴이 등 소일거리를 하며 용돈을 버는 곳은 대한민국에 성남뿐일 것이다.

성남에 거주하는 90세 이상 어르신들에게 기본소득 매월 3만원씩 지원하자는 '장수수당지원조례를 만들었다. 고령화시대를 맞이하여 노인들 소일거리를 통한 어르신들 일자리 창출은 매우 중요한 정책이다. 예전엔 사회복지사들이 홈헬퍼(Home Helper)들을 양성하여 재가노인서비스 형태의 노인복지가 거의 전부였으나 향후 노인복지에 대한 세분화가 더욱 필요해질 것이다. 예를 들면 치매예방 인지발달지도사, 여가관리사, 요양보호사 등등.

이전부터 한국참사랑복지회를 통해 재가노인서비스를 운영했던 나였기에 의회로 와서 노인복지에 유난히 큰 관심을 갖고 노력하는 것인지도 모르겠다. 현재 치매를 비롯해 노인들에 쏟는 국가예산이 치료적 복지에 한정되고, 그 예산 또한 매우 크다. 철저한 계획과 적합한 예산으로 치매예방프로그램 등 예방적 복지를 펼친다면 더욱 경제적인 비용으로 더 큰 효과를 거둘 수 있을 것이다. 시와 국가가 함께 신경 쓰며 개선해 나가야할 문제이다.

웃어라! 학교야!

- 교육복지

청소년은 우리의 자녀다. 성남의 미래다.

많은 시의원들이 학교시설 개선을 위해 많은 노력을 한다. 좋은 일이다. 그러나 학교시설도 중요하지만 학생들 그 자체가 더 중요하지 않겠는가. 청소년들에겐 학교 밖에 가서 누릴 수 있는 곳도 중요하지만 학교 안에서도 잘 적응하는 것이 중요하다.

특히 성남엔 어려운 가정들이 많다. 부모가 없거나 한부모가정도 많다. 중도에 학교를 그만 두는 학생들도 많다. 그들이 어디로 가겠는가? 중국집이나 주유소 알바는 그나마 다행이다. 사회적으로 범죄행위를 하는 위기청소년, 비행청소년으로 낙인찍힐 우려가 많다.

몇 년 전 상대원3동에 지적장애아동을 성추행한 후 암매장한 사건이 발생했었다. 다른 학교에서도 성추행, 성폭력 등 각종 사고가 있었다. 교내 사고가 발생하면 학교 측에서는 쉬쉬 하는 것만 능사로 알고 있다. 방치된 아이들, 그들을 낙인찍는 게 일이었다.

부끄럽게도 경기도에서 청소년 범죄 1등 지역이 바로 성남이었다. 검거율도 1위였다. 나는 이런 현상들을 보며 화가 났다. 매로, 법으로만 다스려서 해결될 일이 아니라 학생들이 안고 있는 근본적인 문제점을 해결해줌으로써 범죄 예방적 교육이 필요하다. '학교 안에 전문 사회복지사들을 상주시켜 선생님들이 못하는 일을 해보자'는 것이 내가 생각하는 청소년 관련 근본적인 해법이었다. 그러나 학교의 선생님들 마음가짐도 문제였다.

우여곡절 끝에 사회복지사를 학교에 보내면 "왜 보내느냐? 이 사람들이 왜 필요하냐?"고 따져 묻곤 했다. "퇴임 교장선생님들을 상담사로 하자"고 주장하는 이들도 있었다. 퇴임 교장선생님들이 어떻게 청소년 상담을 하겠는가? 아이들의 심리를 몰라도 너무 모르고 하는 소리였다. 아이들은 그 분들의 인생에 담긴 한 마디 한 마디를 흔한 말로 '꼰대의 잔소리'라는 나쁜 단어로 규정지어버리지 않겠는가.

나는 민선4기 때 '성남시 학교 사회복지 활성화 및 지원에 관한 조례'를 만들고 사회복지사를 파견하기 위해 7억 예산을 제안, 편성토록 했다. 부족하지만 10개 학교를 선정해 사회복지사들을 파견할 수 있었다. 아쉽게도 비정규직이었다. 그러나 학교 내에 사회복지사가 상주한다는 것 자체가 대한민국에서는 의미심장한 일이었다. 법에도 없는 사항을 조례로 만들어 실행에 옮겼더니 전국에서 이 조례에 대해 관심을 가졌다. 그리고 성남교육을 벤치마킹했다.

한나라당 국회의원에게서 전화도 왔다. 국회 정책위원장을 맡고 있던 마산 지역구 이주영 의원이었다. 법률로 입법하고 싶다고 토론회에 참석해달라는 정중한 부탁이었다. 나의 도움으로 이 의원은 학교 사회복지법안을 만들었다. 안산대학교 김상곤 교수는 교육복지 관련 시험문제에도 냈고, 논문집에도 활용했다. 나는 생각지도 못하게 시도의장협의회 입법 분야 최우수상을 수상했다.

그러던 중 예상치 못한 어려움을 겪게 됐다.

"지관근 의원이 학교에 압력을 넣어 사회복지사들을 다 자기 아는 사람으로 학교에 취업시켰다."

한나라당 몇몇 의원들의 중상모략이었다. 나는 분노했다.

"무슨 소리냐? 각 학교 교장선생님들이 다 뽑았다. 내 지역구인 중원구엔 사회복지사 있는 학교가 하나도 없다."

그러나 나의 항변은 성남의 사회복지사 11명이 실업자가 되는 것을 막지 못했다.

박영일 의원이 폐지를 주장하였고, 민주당 의원들은 무력감에 빠지게 되었다. 왜 이런 중상모략이 생기는 것일까? 너무나 화가 났지만 나중에 알고 보니 정치적인 문제가 있었다. 그 당시 나는 성남시의회 부의장이었고, 민주당은 여러 가지 사안으로 인해 교섭단체 해체 상황이었다. 이러한 상황을 극복하기 위한 한나라당의 모략으로 인해 이런 문제가 생겼던 것이다. 아이들 교육을 위한 사회복지조례가 정치싸움에 휘말려 폐지된 것이다.

사회복지사들은 시청 앞에서 시위를 했다. 한나라당 의원들은 다시 조례안을 상정했다. 내가 만든 기존 조례안을 거의 이름만 바꿔서 한나라당 박영일 의원으로 명의 변경한 것이다. 이런 어처구니없는 일은 전국 어느 시의회에도 없을 것이다. 당파싸움보다도, 나의 개인적 실적보다도 아이들의 교육이 훨씬 중요했다. 나의 가슴 속엔 억울함이 가득했지만 장기적인 학교복지를 위해 조례안 통과에 찬성했다.

민선4기 이대엽 시장은 교육 쪽에 큰 관심이 없는 편이었지만, 민선5기 이재명 시장은 성남을 교육복지특구로 만들겠다고 선언했다. 나는 신이 났다. 학교사회복지를 중학교 전체로 확대해달라고 요청했다. 여러 가지 문제가 잘 진행되는가 싶었으나 새누리당은 예산을 부결시켰다.

"예방복지는 필요 없고 청소년상담봉사만 잘하면 된다."

새누리당의 주장이었다.

나는 예전부터 김상곤 경기도교육감에게도 학교복지에 대해 강력히 제안했다. 꼭 혁신학교의 이름이 아니더라도 학교복지는 반드시 실현돼야 한다고 주장했다.

"교육특구도시를 선포하자."

"성남을 창의지성교육도시로 만들자."

얼마 전 성남시 교육을 위해 학부모들이 일어났다. 이 시장과 민주당 의원들도 함께 했다.

이재명 시장과 김상곤 교육감은 교육복지에 대해 관심이 참 많다. 그러나 새누리당은 건건이 물고 늘어지곤 한다. '창의지성교육'란 용어는 이재명 시장이 만들었다고 싫어하고 '혁신학교'라는 용어는 김상곤 교육감이 많이 써서 싫어하는 식이다. 참 용렬하고 유치하다.

"박근혜대통령도 혁신이란 단어 많이 쓰지 않소?"

그러나 이들에게 청와대는 멀고 당장 눈앞의 이재명과 김상곤만 보이는 모양인지 요지부동으로 싫어한다. 그래서 '성남창의교육'이란 과제는 '성남형교육지원사업'이란 명칭으로 바뀌어 성남시의회에서 통과되었다. 이재명 시장과 김태년 의원 등이 많은 노력을 기울여 교육예산을 높여 172억 원의 예산을 확보하였다.

어쨌든 공교육 예산을 통과하여 학교수업 외의 학교생활과 청소년문제 등을 상담하고 해결해줄 수 있게 되어 정말 다행이다. 마을이 학교다. 마을의 자원을 네트워크를 잘 형성하여 가정문제, 개인문제 등을 잘 상담하고 통합적 접근으로 이 땅의 아이들이 더 밝게 성장할 것이다.

싸우러
의회에 온 건 아니지만 _

예술은 정직해야 한다

– 시립교향악단 창단과 그 문제점

2003년, 성남시립교향악단이 창단되었다. 나는 지역 음악계의 숙원이었던 시립교향악단 창단과 함께 성남시 조직 개편에 따른 전문적인 문화예술분야를 다룰 문화예술과의 분리 신설을 마음속으로 환영했다. 그런데 그해, 서울대 음대 출신 음악전문기자가 성남시립교향악단과 관련하여 이런 기사를 썼다.

지휘자로 활동 중인 터너 플라시도 도밍고가 한 인터뷰에 오페라 지휘를 가리켜 영화 '벤허'에서 전차를 모는 사람으로 비유했다. 양손에 말고삐를 쥐고 달리는 것과 같다는 얘기이다. 무대 위에 성악가와 합창단, 무대 아래에 오케스트라를 동시에 이끌어가는 오페라가 그렇다면 교향악단의 지휘는 양손에 다섯 마리의 말고삐를 쥐고 달리는 것에 비할 수 있을까?

지난 7월 4일 분당 계원예고 벽강예술회관에서 열린 성남시향 창단 연주회에서 초대 상임지휘자 주익성 씨는 공연 내내 오른손 하나로 열 마리의 말고삐를 쥐고 전차 경주에 임했다. 왼손은 섬세한 뉘앙스나 강약 등 다양한 메시지를 전달하기보다는 오른손 동작을 그대로 반복하는 데 그쳤다. 그래서 드보르작 '신세계 교향곡'에선 현악기와 관악기의 시차가 느껴질 정도의 앙상블 불협화음이 자주 노출되었다. 바이올리니스트 강동성이 협연한 차이코브스키 바이올린 협주곡에서도 독주자 쪽으로 시선을 집중해 오케스트라가 끌려가는 느낌을 주었다.

나는 성남시 시립교향악단이 만들어질 때부터 지속적인 관심을 가지고 지켜보았다. 그러나 시향 창단 연주 후 중앙일간지와 다른 언론매체에서의 평을 읽고 의아한 마음을 금할 수가 없었다. 뿐만 아니라 주변 음악인과 음악 애호가들로부터 들려오는 지휘자에 대한 이상한 소문과 단원들의 화합을 저해하는 행위 등을 접하게 됐다. 나는 소관 상임위인 사회복지위원회 위원으로서 문제의식을 갖기에 이르렀다.

왜 이럴까? 문화도시로서의 성남시를 빛내줄 시립교향악단 지휘자가 왜 도마 위에 물고기가 되어 난도질당하고 있을까? 나는 성남시향의 발전과 문화예술행정을 바로 잡고 시민의 한 사람으로서 이 문제에 대하여 진위를 가려보고자 관련 자료를 비교하고 분석했다. 그러는 동안 제105회 제2차 본회의에서 유철식 의원의 시정 질문에 대한 서효원 부시장의 답변 중에 히딩크 같은 훌륭한 지휘자를 뽑겠다는 말이 귀에 쟁쟁거렸다.

조사에 대한 결과는 심각한 의혹들뿐이었다.
첫째, 성남시립교향악단 상임지휘자의 공개전형은 2002년 12월 3일 공고했는데 국내·외의 유수 오케스트라, 시립교향악단 지휘 경험이 풍부한 자, 현직 음악대학교수로서 지휘 경험이 풍부한 자(외국인도 가함)로 자격기준을 정했다. 공고는 그렇게 했지만 서효원 부시장은 응시자 8명을 선정 및 탈락기준이나 명백한 사유도, 설명도 없이 히딩크 같은 인물이 없다며 모두 탈락시켰다. 이러한 행위는 성남시의 문화예술행정이 없음을 드러내고 음악계 및 성남시민에게 불신을 주는 시정을 펼치는 것 아닌가.

둘째, 공고하고 약속한 상임지휘자 공개전형을 이러저런 구실을 붙여 특별전형으로 방침을 바꾸고 성남시시립예술단운영위원회에 2003년 3월 7일 15시에 부의안건으로 상정하여 1차 공개전형에서 탈락한 응시자들을 특별전형의 상임지휘자 후보자로 상정한 것 자체에 문제가 있었다. 8명의 지휘자 이외에도 더 좋은 사람이 있을 수 있으니 좀 더 시간을 갖고 신중히 선정하는 것이 바람직하다는 예술단운영위원의 지적도 있었다. 그러나 독단적으로 3명의 후보자로 압축하였고 공개전형에서 서류만 제출하고 면접에 불참했던 미국 시민권자인 현 상임지휘자 주익성 씨를 선정했다. 이 얼마나 놀랍고 과감한 의혹인가?

셋째, 위와 같은 특별전형에서 성남시시립예술단운영위원회의 이 같은 문제점을 문화예술과는 충분한 보고도 없이 공개전형에서 평가점수가 5위인 자를 선정토록 하였다. 게다가 주익성 상임지휘자의 경력을 허위 기재한 사실도 발견되었다. 이렇게 어이없는 과정을 거쳐 상임지휘자 후보자를 선정하여 성남시예술단운영위원회에 제출하였고, 예술단 운영위원회는 그대로 이대엽 시장에게 결정하라고 결재서류를 제출한 것이다. 이는 시장과 예술단운영위원들과 성남시민들 모두들 우롱한 것이었다.

나는 "모름지기 시립교향악단은 94만 시민들에게 사랑 받아야 한다. 성남시를 향기 있는 문화도시로 만들기 위해서는 시립교향악단을 바로 세워야 한다. 그동안 제기한 문제는 명명백백 실체적 진실이 밝히고 책임자에게 책임을 물어야 한다."고 주장했다.

성남시민의 문화수준을 더 이상 무시하지 말아야 한다. 문화는 성남시민의 삶의 질을 향상시키고 사회 통합을 이루어내는 중요한 요소이다. 투명하지 못한 몇몇의 공무원이 문화예술행정을 이런 식으로 만드는 것은 곤란하다. 문화예술인들을 들러리로 세워선 안 된다.

성남시립예술단 단장을 맡고 있는 부시장의 역할이 예술행정의 무소불위의 권력인가. 교향악단은 지휘자가 총감독이다. 총감독이 시민에게 아름다운 음악을 들려줄 수 있도록 행정지원만 해야 한다. 지휘자는 교향악단의 전권을 위임받는 자리인 만큼 단원들의 통합을 이룰 수 있는 사람이 필요하다. 무엇보다도 선행되어야 할 것은 예술단 운영에 대한 세부 규칙과 규정 등 지휘자의 자격기준을 세분화하고 선정기준과 탈락기준도 세워 해당 분야 경력증명을 명확히 갖춰놓아야 한다. 나는 시 정부에 무엇보다도 투명하고 공정한 행정을 강력히 촉구했다.

다행히 지금은 이재명 시장의 탁월한 선택에 따라 금난새 선생이 예술총감독 겸 상임지휘자로 2015년 1월 부임했다. 금난새 선생은 독일 베를린 예술대학을 졸업하고 1977년 카라얀 국제 지휘자 공쿠르에 참가해 3위로 입상하여 국내 음악계에 큰 화제가 된 바 있다. 국내 최정상급 오케스트라로 비상하기 시작한 성남시립교향악단은 끊임없는 도전과 프로그램 개발로 많은 관객들로부터 호평을 받고 있으며 세계 최고의 음악가들과의 협연을 통해 인구 100만의 도시로 성장한 문화예술도시 성남시를 알리는데 큰 공헌을 하고 있다.

이의범 _SG그룹 회장

  " 그의 뚝심을 안다. 30년 동안 한 눈 팔지 않고 오로지 복지 한길로만
걸어왔다. 설움도 있었을 것이고 유혹도 있었을 것이다. 그러나 그는
미련할 정도로 우직했다. 좌고우면하지 않았다. 지금까지 그래왔듯
늘 응원할 것이다. 지치지 않기를 바랄 뿐이다. "

복지예산을 폼 잡는데 쓰지 말라

– 호화청사 건립 반대

이대엽 전시장은 걸핏하면 재개발사업이 민선 4기의 최우선사업이라고 말했다. 그러나 민선시장 4기, 그리고 5대 성남시의회를 마무리하는 시점에서 보면 이 전시장이 실제로 한 일은 신청사 짓느라 3200억의 혈세를 낭비했고, 2010년 재개발특별회계는 500억의 예산도 편성하지 않았다.

추진하겠다고 철석같이 약속한 성남시립의료원은 오리무중이고 시장 취임식 3개월 만에 친인척 특혜의혹마저 불거져 나왔다. 게다가 이 전시장 퇴임 후 사용될 주택으로 의심되는 분당동 188번지 초호화 주택 건축허가 특혜 의혹도 일었다. 행정사무감사의 일환으로 도시건설위원회 시의원들의 현장방문이 있었지만 이대엽 시장의 조카는 시의원들에게 폭언과 육두문자를 써가면서 봉건시대에나 있을법한 제왕적인 태도로 일관했다. 이렇듯 이 전시장의 주변은 특혜의혹으로 시작해 특혜의혹으로 끝난 4년이었다.

참 사고도 많이 친 이 전시장이었지만 이 전시장의 가장 큰 사고는 뭐니 뭐니 해도 호화청사 건립이었다. 결국 이 전시장은 막대한 예산 낭비와 함께 기존시가지를 버린 꼴이었다. 시장실 전용 엘리베이터, 시장실 안의 침대와 샤워실 등 3200억 원짜리 호화청사로 성남시 예산이 바닥나버린 셈이었다. 멋있는 시청 지으려고 주민들 복지 예산 다 갖다 쓰는 것은 말도 안 되는 일이었다.

오죽하면 같은 한나라당 출신인 대통령이 관련 발언을 하고, 한나라당 출신 경기도지사는 성남시청 문제로 사과를 하고, 한나라당 원내대표도 문제가 있다고 말했겠는가. 나를 비롯한 민주당 의원들은 호화청사 건립에 적극 반대하였다. 호화청사 건립에 소요되는 그 엄청난 예산을 성남재개발과 시민복지에 활용하면 성남의 삶의 질이 부쩍 좋아졌을 것이다. 가두시위는 물론이고, 6개월 릴레이 단식으로 투쟁하면서 호화청사로 인한 시민혈세 낭비와 도시공동화 현상을 막으려 최선을 다했다.

그러나 한나라당 의원들은 성남시의회 구청사 자료실 문을 잠그고, 그 안에서 민주당 의원들 없이 호화청사 건립을 날치기 통과시켰다. 호화청사는 이대엽 전시장의 제왕적 과시행정의 또 다른 현장이었고 이로 인하여 수정구·중원구 도시 공동화가 심화될 것은 불 보듯 뻔한 상황이었다.

3200억 원의 건립비용은 물론이고 매년 파생경비 54억에서 100억 원이라는 막대한 돈을 호화청사에 퍼부음으로써 성남시 재정에 과부

하가 생겨서 당연히 조성해야 할 2010년 재개발 의무기금 500억 원 조차 조성하지 못하는 결과를 낳고 말았다. 나는 신축예산을 날치기로 통과시켜 서민과 복지 예산은 물론 2010년 재개발 예산마저 날려버린 이대엽 전시장을 비판하며 "재개발 의무기금 500억 원 예산을 즉각 상정하라"고 주장했다. 또한 "시장은 호화청사, 호화개청식, 호화주택과 관련해 시민들께 사죄하고 역사의 현장에서 물러나라" 주장했다.

나와 민주당 의원 중 상당수는 호화청사 건립예산을 막아내지 못한 책임감과 시민들에 대한 죄송함으로 한동안 신청사 사무실 입실을 거부하였다. 그렇다고 업무를 내팽개칠 수도 없는 입장이었다. 우리는 의회청사 공간에 시민참여공간을 확보하는 방안을 강구하였다.

과연 성남을 위한 통합인가

– 졸속 통합 반대

2009년 8월15일 이명박 대통령은 경축사에서 행정구역통합을 언급했다. 그러자 통합논의가 지지부진하던 창원과 진해가 곧바로 통합을 추진했다. 진해는 통합에 부정적이었지만 대통령 언급 이후 발 빠르게 통합논의에 나섰다 우리 성남시도 예외가 아니었다. 이대엽 시장이 성남·광주·하남 등 3개 도시 통합을 밀어붙이기 시작했다. 대통령이 한 마디 하자 일사분란하게 따라가는 관제졸속 통합논의였다. 물론 성남시를 광역시화 하자는 논의는 약 15년 전부터 있어 왔다. 통합을 할 수도 있다. 그러나 그 방식이 잘못되어도 너무나 잘못되었다.

성남시의 주인인 시민들과 공청회 한번 갖지 않고 시장은 광역시를 준비하라고 지시를 내렸다. 교섭단체 장대훈 대표는 광역시에 관한 비전을 말했고, 뒤를 이어서 최홍철 부시장도 광역시 얘기를 했다. 행정안전부에서도 2010년 안에 도를 통폐합하고 광역시를 만들겠다는 기본 안들을 갖고 있었다. 행정안전부의 오락가락하고 원칙 없고 공정성 없는 여론조사를 통하여 49%의 지지를 54%로 여론을 호도하며 통합시를 추진했다.

　민주당 의원들은 민노당 의원들과 함께 쇠사슬로 몸을 묶고 본회의장에서 날치기를 막으려고 죽음을 불사하는 싸움을 하였다. 그러나 한나라당 의원들은 또 본회의장을 벗어나 의장이 주먹으로 벽을 세 번 치며 날치기 통과를 시켰다. 통합시 관련 시민들의 주민투표 요구를 무시한 채 사전 각본에 의해서 다수당의 횡포를 부렸고 불법 날치기 처리하였다. 우리는 효력정지 가처분신청을 냈으나 기각되었다.

　졸속행정도 이런 졸속행정이 없었다. 얼마나 원칙이 없는가 하면 한나라당 내부에서조차 일관성 없는 말과 행동들이 벌어졌다. 한나라당 박권종 대표는 성남시 본회의에서 통합시 문제는 차기시장과 6대 의회에 맡기자고 발언하였으나 기자회견에서는 통합시 문제에 대한 처리를 주민투표가 아닌 조건부로 의회의 결의만으로 처리할 수 있다는 식으로 말 바꾸기를 일삼았다.

　이대엽 시장은 당면한 지역현안에 대한 대책 마련은 외면한 채 모든 문제는 통합이 해결해줄 것처럼 온통 통합놀음에 행정력을 낭비하고 주민갈등만 부추겼다. 성남시민의 숙원사업인 고도제한 완화를 통한 재개발과 재건축 활성화, 서민복지 등은 뒷전으로 밀려났다. 졸속적인 통합 추진에 성남시민은 없었다. 오로지 다음 선거구도에서 유리한 고지를 선점하여 자신의 정치적 야욕을 충족하겠다는 것만이 명백하고도 유일한 관심사였다.

이날 다수당의 횡포를 막으려는 야당의원을 방해한 시의회 사무국직원들을 공무집행방해 혐의로 고소하겠다고 밝히고 있다. by 성남데일리

성남·광주·하남 통합시 추진과 관련한 성남시의회 의견 청취안 강행 처리에 대해 60.98%의 성남 시민들 대다수가 절차상 하자가 있다고 생각했다. 또한 성남·광주·하남시 행정구역 통합과 관련한 국회 통합입법 논의 이전에 주민투표를 실시해야 한다는 여론도 68.86%로 확고부동하게 높게 나왔다. 시민 대다수가 주민투표 방식에 의한 자율적 통합시가 진행되어야 한다고 생각했다.

이와 같은 민심을 외면하고 성남시와 행안부는 통합준비위원회 발족, 통합시 명칭 공모, 통합자문단 구성 등 통합 추진 속도를 높이는 무리수를 두고 있었다. 성남시의회 민주당 의원들은 충분한 시간을 갖고 실속 있게 통합에 관한 실익을 따져가야 한다는 점, 반드시 주민투표를 통해 성남시민의 의견을 정확히 파악해야 한다는 점, 충분한 공론화를 거쳐 민선 5기에서 처리해야 한다는 점 등을 강력히 주장하였다.

나는 "통합시 추진은 시기상조이며, 수정구·중원구·분당구 간의 균형 발전이 우선"임을 강조했다. 또한 "통합을 해도 관권졸속통합이 아닌 주민투표방식이어야 하며, 단순 통합시가 아니라 행정권한과 재정확충의 시너지 효과가 있는 광역시 승격의 통합이어야 한다."고 강력히 주장하였다.

결국은 경기도 김문수지사도 주민투표를 통해서 반드시 주민의 뜻을 물어야 된다는 입장을 피력하였고, 각계각층에서 이러한 요구들이 봇물처럼 쏟아져 나왔다. 얼마 후 이대엽 시장은 통합시와 관해서는 주민투표로 하겠다, 주민의 뜻을 묻겠다고 말했다. 백기만 안 들었지 누가 봐도 항복을 한 셈이었다.

결국 지방 봉건주의식의 권력연장 욕심과 지방분권이 아닌 효율적 통제를 위한 행정안전부의 관권주도식 통합시 졸속 추진은 두고두고 우리 역사의 오점으로 남았을 뿐이다. 우리는 다수당의 횡포로 날치기 통과되었음을 행안부에 공문을 보냈고, 국회 행안부 문학진, 박기춘의원들을 만나 성남시 날치기 상황을 소상히 설명하였다. 다행히 민주당 국회의원들이 국회에서 졸속통합을 막아냈다.

나는 호화청사 반대투쟁과 졸속통합 반대투쟁을 하며 각종 TV와 신문, 인터넷 등에 얼굴과 이름이 너무 많이 팔렸다. 그 당시 이재명 시장은 통합반대범시민대책위원장으로 활동했다. 우리는 소수당이었지만 가열차게 싸웠고, 지혜롭게 싸웠고, 시의회 안팎으로 협동하여 투쟁했다. 결국 졸속통합을 막아냈다.

역사의 채찍을 두려워하라

– 당리당략, 정략에 대한 비판

브라질에 '비가 내리면 스타벅스의 주식을 사라'는 말이 있다. 이는 나비효과로 대표되는 거시적 파동이론을 설명한 유명한 책 제목이기도 하다. 그렇다면 성남시의회가 잘 운영되지 않아 성남시 환경이 열악해지면 누가 괴로울까? 성남시의회가 의결하거나 부결하는 모든 사안은 누구와 직결되는 것일까? 우리 시의원들을 뽑은 사람들은 누구일까? 이 모든 질문들의 답은 성남시민이다.

100만 성남시민의 현재 그리고 미래를 결정하는데 중요한 결정을 하는 곳이 바로 성남시의회이다. 스스로 민선 5기의 출범과 함께 시작된 6대 성남시의회의 전반기를 평가하고 반성해보았다.

내가 내린 결론은 앞서 말한 우리들의 책무와 정반대의 길로 갔다는 것이었다. 시민들이 원하는 일방통행로에서 역주행을 한 것이다. 왜 이러한 일이 벌어졌을까? 어떠한 사안들이 역주행의 결과물일까? 그리고 그 해결 방안은 무엇일까?

당리당략, 정략에 떠밀린 정책 부재와 소통의 부재가 가장 큰 원인이라고 생각한다. 민선 5기가 들어서고 다수당이 된 새누리당은 장대훈 의장을 중심으로 시의회는 시민들의 숙원과는 반대로 일관해왔다. 시 집행부도 초기 대응의 실패로 의회와 소통하지 못했다. 100만 성남시민의 입장에서 이 문제를 보면 '고래 싸움에 새우등 터진 격'이 되고 말았다. 비단 이러한 문제가 시 집행부와 새누리당에게만 있다고 보지 않는다. 남 탓으로만 돌리고 싶지는 않다. 교섭단체의 한 축을 이루고 있는 나를 포함한 민주통합당에게도 크나큰 책임이 있다고 절감하고 있다.

우리 민주통합당도 동일한 사안에 대해서도 우왕좌왕하고 내부 소통이 잘 이루어지지 못했을 뿐만 아니라 뚜렷한 대안을 즉각적으로 제시하지 못했기 때문이다. 당내 지도력의 문제로 일관성을 갖지 못했던 시기도 있었다. 지금에 와서 돌이켜보면 여야를 막론하고 의원들 간의 그 흔한 정책 연구 모임 하나 조직하지 못했다. 아무런 이해관계 없이도 결성이 가능한 어느 동네에도 흔히 있는 스포츠 동아리조차도 만들지 못했다. 당연히 소통은 어렵고 동맥경화증에 걸린 사람처럼 막히고 만 것이다. 교섭단체 간의 다툼만 있었고, 시의회 의장과 집행부의 수장인 시장 간의 다툼으로 중요한 사안들에 대해 즉각적이고 단호한 조처나 발언들도 부재했던 것이 사실이다.

그럼 어떠한 사안들이 역주행의 결과물일까? 민선 4기에서도 전략사업으로 추진했던 바, 성남비전 2020 장기발전계획과 벤처집적시설 설치안이 그렇다. 자족기능을 강화하는 일자리 창출과 관련한 정자동

178-4번지 일원 부지매각으로 인한 세수확대 등 시너지효과가 있음에도 불구하고 편견적 시각으로 좋은 기회를 놓치고 말았다. 먹고사는 문제보다 더 중요한 것이 어디 있겠는가? 하물며 100만 시민의 민의의 대변자를 자임하는 시의원들이라면 더욱 그러할 것이다. 기회는 반대하는 자들에게 오는 것이 아니고 그 기회를 만들어 가기 위해 노력하는 사람들에게 다가가는 것임을 잊지 말아야 한다.

위례신도시 내 임대아파트 건립 사안은 두고두고 아쉬운 일로 남는다. 시에서 위례신도시 아파트 사업용지 취득을 위한 공유재산관리계획 변경안을 여러 번 부결시킨 일이다. 이 안건은 위례신도시 일부를 시에서 사들여 아파트를 건설해 분양하고 그 수익으로 위례신도시에 재개발구역 주민 순환이주용 임대아파트를 건설한다는 계획이다. 이 사안은 주거복지 차원에서 시민들에게 큰 이익이다. 또한 큰 틀에서 보면 100만 시민들의 자족 기능을 높이고 지속가능한 발전 전략의 일환으로 추진해야 할 구체적 실천 로드맵의 일부이다.

그러나 시의회 다수 의석을 차지한 새누리당이 도시개발공사와 연계된 사업이라며 당론으로 반대했다. 당리당략을 위해 새누리당이 정권을 잡고 있는 중앙정부도 승인한 지방채 발행승인을 부결하고 41%의 위례신도시의 개발주권을 포기하는 것이 정말 100만 성남시민의 대변인인 시의원들의 책무는 아닐 것이다. 이미 경기도의 지역개발기금 융자금 수입 1880억 원도 외면한 채 경기도와의 신뢰행정이라는 이러한 모든 좋은 기회를 놓치면 안 될 것이다. 마치 80년대와 90년대에 3저 호황기에 폭죽만 터트리고 경제를 IMF로 몰아간 과거의 경험을 우리는 반면교사로 삼아야 할 것이다.

100만 성남 시민의 미래와 행복지수를 높이기 위한 모두의 바람을
저버리지 말고 서로 상생 협력하여 당면 과제들을 함께 기획하고 길
을 함께 찾아서 미래를 위해 헌신하는 것이 성남시의회 의원들의 책
무이다. 우리는 100만 성남시민들이 직접 선택해주었다. 그러므로 우
리는 시민들을 위해 복무해야 할 일꾼이고 대변인일 뿐이다.

두렵다. 만일 우리가 이러한 역사적 책무에서 바른 길을 가지 않는
다면 다가오는 모든 심판대 위에서 가혹한 채찍을 받을 것이기 때문
이다.

복지요리사,
행복마을 만들기_

그들이 벌어야 성남이 산다
– 산업단지활성화

우리 동네 가게는 우리가 지키자
– 상권활성화

물은 생명이고 자산이다
– 물 관리 정책네트워크

부자도시 성남을 향하여
– 의료관광산업활성화

흙을 누리는 즐거움
– 도시농업활성화 및 지원조례

건강한 군생활을 위하여
– 헬퍼포럼

10만 어르신의 치매를 예방하라
– 건강한 노후를 위한 '치매예방 지원정책'

자치분권민주지도자회의
– 자치분권 운동

두껍아! 두껍아! 새집 줄게 헌집 다오!
– 주거복지지원조례 제정

청소년행복의회
청소년의 구성 및 운영 조례 대표 발의

그들이 벌어야 성남이 산다

– 산업단지활성화

이미 70년대부터 중원구에는 산업단지가 있었다. 경공업 중심의 산업단지였다. 성남은 말 그대로 산업도시라 해도 과언이 아니다. 그러한 성남의 특성을 살려 산업단지를 더욱 활성화해야하는 것은 지역경제의 기본이다.

솔직히 말해 제2·3단지는 과거 7, 80년대 성남전통사업 중 섬유산업 등으로 성남시민을 먹여 살렸다. 제2·3산업단지에는 전통산업에 종사하는 중소기업들이 많이 입주해 있으며, 업종들이 다양하다. 그러나 산업단지가 조성된 지 오래 되어 공장이나 기반시설이 노후화되어 있고, 여유 공간도 없어 산업단지 자체로서의 발전가능성이 낮으며, 입주 기업들에게 혼잡비용을 야기할 가능성도 크다. 제2·3산업단지를 현 위치에서 현재의 규모보다 더 확장시킨다는 것은 힘든 일인게 사실이다. 그렇다고 성남시 행정부가 손 놓고 있어선 안 된다. 기업이 많은 도시라면 기업하기 좋은 성남을 만들어야 할 것 아닌가.

나는 그 당시 최홍철 부시장을 잘 알고 지냈다. 최 부시장은 경기도 환경국장으로 근무하고, 나는 '성남의제21실천협의회' 사회분과위원장으로 있을 때 호주 연수를 함께 다녀온 인연이 있었다. 나는 최 부시장에게 산업단지활성화의 필요성을 역설하며 산업단지활성화 연구 용역을 부탁했다. 나의 노력과 그의 협조를 통해 5,000만원 예산으로 연구 용역에 들어갔다.

연구조사 결과 가장 큰 문제점은 교통문제였다. 병목현상으로 이동 시간이 오래 걸리고, 주차하기 힘들었다. 그렇다고 공단 배후지역으로 이사 오기에는 지역 환경이 좋지 않아 생활하기도 불편해 산업단지 근로자들 60~70%가 외부에서 힘겹게 출퇴근을 하고 있었다. 근로자들의 통근 불편 문제와 함께 안전한 출근로 확충, 비좁은 도로에 주차장 확보 미흡, 편의시설 부족 등 여러 가지 문제가 누적되어 있었다. 주변의 주거시설이나 편의시설, 녹지문화공간도 턱없이 부족하여 근로환경이 거의 최악이었고, 인근지역 소비경제의 촉진을 위한 시너지 효과도 없는 상태였다. 게다가 배후지역의 성지·궁전아파트 및 단독주택의 주거환경도 매우 열악하며 2·3단지 근로자들은 입주를 꺼리고 외지에서 출퇴근 하는 등 떠나는 지역이 되고 말았다.

"이들을 위해 성남시는 무엇을 하였는가? 무관심 그 자체 아니었는가? 세금은 많이 걷으면서 해주는 일이 없으면 이 또한 도둑이자 사기 아닌가."

산업단지 활성화를 위한 동기유발이 필요했다. 그 당시 산업단지는 제조업 위주의 산업들이 IT산업으로 변화되고 있었고, 아파트형공장이라 불리는 지식산업센터가 우후죽순 건립되고 있었다. 나는 일단 '2·3공단'이라 불리던 이름을 바꾸자고 주장했다. 내 의견이 받아들여져 명칭 공모를 했다. 그 결과 '2·3단지'는 '성남하이테크밸리'라는 고급스런 이름을 갖게 되었다. IT 관련 기업들이 상당수 입주하고 있었으니 새로운 이름도 매우 잘 어울리는 이름이었다.

나는 산업관리공단에서 성남산업단지에 대한 관리가 제대로 이루어지지 않고 있으니 성남시가 적극 나서 산업관리공단과 역할을 분류하여 활성화하자고 주장했다. 그리고 친환경교통수단으로 노면전철 설치와 주차빌딩 건립, 그리고 모란역과 산성역에서부터 오는 버스를 확충할 것을 요구했다. 그 결과 교통체증이 조금씩 개선되기 시작했다.

이때 나는 성남산업단지와 관련해서 다양한 조례를 상정했다. 기업하기 좋은 성남을 위해 지속적으로 노력해왔다. 또 영세제조업체, 특히 궁지에 몰려있는 섬유·봉제산업의 최대 약점인 해외마케팅을 지원함으로써 주문이 급감하고 있는 오늘의 현실을 이겨내고 고부가가치 상품을 만들어 낼 수 있는 역량을 제고하여 자생력을 키워야 한다고 소리 높였다. 또한 성남시의 비전추진 정책인 디자인 혁신역량을 결집할 네트워크를 구축하고 성남시와 중국 심양시와 자매결연을 맺어 정부 간에 상호 윈윈 할 수 있는 경제교류의 물꼬를 터서 해외 마케팅의 교두보를 마련함으로써 단순 제조업에서 패션산업으로 거듭날 수 있는 '제2도약의 발판'을 마련해야 한다고 주장하였다.

산업단지 관리에 대한 책임과 권리는 성남이 아니라 경기도에 있었다. 나는 김문수지사가 성남을 방문했을 때 그를 만나 "성남산업단지 지도관리 권한을 경기도 산업단지관리공단으로부터 성남에 넘겨달라"고 요구하였다. 김문수 지사는 당시 그런 내용이나 상황을 알지 못하다가 나의 설명과 설득을 통해 상황을 인지하고 지도관리 권한을 성남시로 넘기도록 조치했다. 당도 다르고 정치적 지향도 다르지만 상식적이고 합리적인 판단을 해준 부분에 대해 고맙게 생각한다.

5대 때 나는 '성남산업단지활성화포럼'을 만들었다. 기업인들을 포함하여 활성화 방안을 연구하고 결과를 도출해내는 연구 단체였다. 내가 회장을 맡고, 연구위원은 5명을 두었다. 한국경제조사연구원 성열웅 박사와 함께 연구 과제를 수행하며 배후지역 주민과 기업의 상생방안, 일자리 확충 방안 등 종합적인 발전방향을 마련해나갔다.

산업단지엔 성남시 섬유제조사협동조합이 설립되어 있을 정도로 섬유산업 관련 기업이 많았다. 섬유1클러스터가 이미 설립되어 있었고, 섬유2클러스터를 설립하기 위해 섬유클러스터활성화방안을 연구했다. 나는 섬유산업과 밀접한 패션의 흐름도 한 눈에 알아볼 수 있는 의류 관련 박물관을 산업단지 안에 세우고자 했으나 시에선 관심이 전혀 없어 협조를 받지 못했다.

민선 5기에 들어와서 주차 빌딩 등 300억 원의 예산을 세워놓았으나 민선 4기 때 판교특별회계 금액 5400억원 적자 건으로 이재명 시장의 모라토리움 선언으로 예산집행 우선순위에서 밀려 안타깝다. 도로문제와 주차 빌딩의 통합해결이 어렵고, 주차장의 효율성이 떨어진다 하여 멈춰진 상황이다. 지금도 이 문제를 어떻게 해결해야하나 보완책을 연구 중이다.

다행히 성남시의 주도로 2015년 7월 산업통상자원부와 국토교통부에서 추진한 "노후 산단 경쟁력강화" 정부 합동 공모사업에 응모하여 재생+혁신사업 대상 단지로 선정되었다.

이번 선정으로 산업용지 일부를 복합용지 등으로 개편과 교통과 비즈니스, 문화지원시설, 근로자 공공임대주택 등 노후 기반시설 재생, 연구, 혁신역량 강화사업이 될 것이며 근로자 정주 환경개선 사업 등을 본격적으로 추진할 수 있게 되었다. 10여 년 간 연구하고 주장한 성남 하이테크밸리는 기업과 근로자, 배후지역 주민들 간 일하고, 먹고, 자고, 즐기는 기업마을로 재생할 수 있는 기회가 오는 것이라 하겠다. 기업이 잘 돼야 세금도 많이 내 세수 확보도 되고, 그 혜택이 주민들에게 돌아가서 시민이 행복한 도시가 된다.

임학순 _ 대원감리교회 목사

" 제가 아는 지관근 의원은 정치인이기에 앞서 사회복지 전문가입니다.
대학에서도 사회복지를 전공하였고 지난 평생을 헐벗고 굶주린 이웃
들을 돌보는 일을 위해서 살아온 분입니다. 사회복지 정책 실현의 꿈
을 가지고 시의회 의원이 되었지만 여전히 그의 관심은 직업정치 보
다 시민들의 복지와 청소년들 그리고 자라나는 어린 꿈나무들에게
있습니다. 이점 무척이나 다행스럽고 감사하게 생각합니다.

저는 복지에 관심이 많은 지역교회 목사로서 지관근 의원의 헌신에
감사하고 있습니다. 또 그를 진심으로 아끼고 존경하며 우리 지역사
회에 귀중한 자산으로 생각하며 이 책을 추천합니다. 이 책을 읽는 분
들이 지관근 의원의 복지사회에 대한 꿈과 이상을 함께 나눌 수 있게
되기를 바랍니다. "

우리 동네 가게는 우리가 지키자

- 상권활성화

2008년엔 대기업들이 385개의 대형마트를 통해 연간 29조9000억 원의 매출을 올리고 있었고, 이후 4년간 대형마트는 매출이 9조2000억원 늘고 재래시장은 9조3000억 원이 줄었다. 전국적으로 대기업형 슈퍼마켓이 심할 정도로 무분별하게 진출하고 있었다.

성남도 예외는 아니었다. 홈플러스, 이마트 등 SSM이라 불리는 대기업의 대형마트들이 골목상권까지 진출해 중소상공인들의 생존권을 위협하고 있다. 삼성·GS·롯데 등 대기업이 운영하는 456개의 기업형 슈퍼마켓이 전국에서 동네 골목상권을 초토화시키고 있다. 더구나 최근 국내 대형아파트 1위 업체인 신세계의 정 부회장은 추가로 100평 규모의 이마트 소형 슈퍼마켓을 30여 개 열 계획이라고 밝혔다. 영세 상인들은 알아서 생존전략을 찾으라는 것이다.

물론 대기업도 당연히 이윤추구의 권리가 있다. 그러나 문제는 대기업들의 유통업 독과점은 풀뿌리경제를 몰락시키고 국가경제의 근간인 지역경제를 황폐화시킨다는 점이다. 대기업의 일방적인 이윤추구는 사회의 지속 가능한 발전을 위협한다.

물론 기업 활동의 자유는 보장되어야 한다. 그러나 헌법 제119조, 제123조, 제124조는 균형 있는 국민경제의 성장 및 안정, 적절한 소득 분배의 유지, 시장의 지배와 경제력 남용 방지, 경제 주체 간의 조화를 통한 경제 민주화, 지역 간의 균형 있는 발전을 위한 지역경제 육성, 중소기업의 보호육성, 소비자 보호 등 경제영역에 있어서 공익적 목표를 달성해야 할 헌법적 의무를 부여하고 있다. 이것이 기업의 사회적 책임인 것이다. 대기업일수록 이러한 사회적 책임이 더욱 크다는 것은 더할 나위도 없다.

대기업이 슈퍼마켓으로 동네 구멍가게와 아무런 제한 없이 경쟁하겠다는 것은 체급이 다른 선수 간의 경기와도 같이 최소한의 경제 정의에도 어긋나는 행위 아닌가. 특히 최근 대규모 자본을 무기로 중소 상인보다 더 많은 임대료를 주겠다며 동네 주요 지점에 매장을 진출시킨 사례는 도덕성을 깡그리 무시하는 것으로 피도 눈물도 없는 횡포라 할 수 있겠다.

이에 따라서 국회에서도 대규모 점포와 기업형 슈퍼마켓의 합리적 규제와 관련한 유통산업발전법 일부개정 법률안이 발의되었다. 이 법안을 통해 골목상권인 재래시장 및 동네슈퍼 등 지역 중소유통업체 보호와 지역 특성에 따라 대규모 점포와 기업형 슈퍼마켓을 일정 정도 규제할 수 있는 법적 근거를 마련하려는 것이다. 이는 지역경제 활성화와 영세중소상인들의 생존권 대책 마련을 위하여 조속히 개정되어야 할 민생법안이다. 기업형 슈퍼마켓과 대형마켓 입점으로 독점자본이 판치고 있는데 골목상권 몰락을 강 건너 불구경하듯 할 순 없지 않은가.

이명박 대통령이 재벌기업인 제2롯데 건축은 허락하면서 고도제한은 무기 연기하듯이 성남시도 6만 개의 자영업소의 근간을 뿌리째 뽑으려는 재벌기업의 대형매장과 기업형 슈퍼마켓에 대한 무분별한 허가를 남용하고 있다. 나는 그 당시 성남시 이대엽 시장에게 대형매장과 SSM에 대한 대책 마련을 통해 대기업과 영세 상인들이 상생 발전할 수 있는 대안을 마련해야 한다고 강력히 주장하였다. 그리고 성남시의회 차원에서 민주당 의원들과 함께 정부와 성남시는 골목상권의 활성화로 지역경제 황폐화를 미연에 예방하고 기업형 슈퍼마켓의 실효성 있는 규제방안이 조속히 마련되기를 강력히 염원하면서 다음과 같이 결의하였다. 촉구결의문은 내가 낭독하였다.

1. 국회는 발의된 유통산업발전 및 발전법 일부개정 법률안이 기업형 슈퍼마켓의 무분별한 진출을 억제할 수 있는 실질적인 규제가 포함되어야 하며, 골목상권인 재래시장과 동네슈퍼 등 지역 중소유통업체 보호와 지역경제 활성화를 위하여 여야는 당리당략을 떠나 조속히 법안이 개정될 수 있도록 노력해 줄 것을 촉구한다.

1. 중앙정부와 성남시는 향후 기업형 슈퍼마켓의 추가 입점을 엄격히 규제하고, 대규모 점포와 골목상권인 재래시장과 동네슈퍼 등 지역 중소유통업체가 서로 상생할 수 있는 실효성 있는 특단의 대책을 조속히 강

구해 줄 것을 촉구한다.

시의원인 내가 소상공인들을 위해 수 있는 일이 무엇일까 생각해보았다. 상권활성화재단을 만들어 로드맵을 세우고 활성화 대안을 찾아내고 그것을 통해 중앙정부로부터 재정지원도 받고, 무분별한 대기업 진출에 대한 법적 제한도 해야겠다는 결론이 섰다. 이 계획은 최만식 의원과 함께 추진하였고, 민선 5기에 이재명 시장과 함께 상권활성화재단도 설립 하였다.

성남의 상권활성화를 위해선 할 일이 많아도 너무 많다. 알 사람은 다 아는 사실이지만 상대원시장은 무등록시장이었다. 얼마 전에야 정식 시장으로 인정되었다. 협동조합 활성화에 대한 조례도 상정했는데 새누리당의 반대로 지연되고 있는 안타까운 실정이다. 영세 상인들에게 시 차원에서 제도적 지원을 해주기 위해 노력해야 한다. 그래야만 상인들 간에 다툼보다는 공생, 공동체 의식을 갖고 "해보자!"는 의욕을 고취해줄 수 있을 것이다. 소상공인협동조합이 내가 발의한 정책을 적극 지원사격해주고 있다.

나는 모란장을 세계적 유명 시장으로 발전시키는 방안도 연구해왔다. 청사진도 마련되어 있다. 현재 자리는 법적 주차장 자리이므로 합법적 장터를 마련해야 한다. 부지는 이미 정해져있고, 법적 문제 해결과 시 차원의 약간의 지원만 있으면 충분히 가능한 일이다. 모란민속 5일장이 성남 생활문화와 잘 결합될 수 있을 것이다.

상권 활성화는 곧 지역경제 활성화가 될 뿐 아니라 성남의 전통문화가 될 것이다. 예를 들어 성남에 자리 잡고 있는 민속공예산업은 무형문화재로 등록될 만큼 창조산업이고 고부가가치산업이다. 공방 입주를 통해 공예산업을 발전시키면 이는 관광산업으로까지 확장될 수 있는 문제이다. 나는 이러한 큰 비전을 그려가며 무형문화재 지원조례와 민속공예산업활성화 조례를 만들었다. 성남의 전통문화의 발전은 성남 상권 활성화로 이어질 수 있을 뿐 아니라 성남 관광산업의 발전으로도 이어질 수 있다. 관광산업의 발전은 성남시 세수 확보의 중요한 재원이 될 것이고, 반드시 그렇게 되어야 한다고 생각한다.

물은 생명이고 자산이다

- 물 관리정책 네트워크

인류의 삶에 있어 물만큼 소중한 것도 없을 것이다.

'효율적으로 물을 관리해서 좋은 물을 공급하게 되면 성남시민들에게 얼마만큼의 혜택이 돌아갈까?'

'도시의 혈관인 하수도가 잘 유지되고 관리되면 깨끗하고 쾌적한 주거환경이 되지 않을까?'

민선 5기, 6대 경제환경위원회 때 물에 대해 큰 관심을 갖게 되었다. 대다수 시민들이 수돗물을 신뢰하지 않고 정수기 물을 마신다. 아무리 정부에서 수돗물 믿고 마셔도 좋다고 홍보를 해도 국민이 믿지 못하는 데야 어떡할 것인가?

그래서 상수도에 관심을 갖게 되었다. 깨끗한 물, 맛있는 물, 무엇보다도 안전한 물을 공급해야 한다. 수도관 관리를 잘못하니까 수도에서 녹물이 나오는 것 아니겠는가. 시 차원에서 옥외관, 옥내관 관리를 정책적으로 잘 해야 할 것이다. 관리를 잘못하면 물만 새는 것이 아니라 관리비용도 더 들어 예산도 새게 된다. 물도 자원인데 상수도정책을 체계적으로 정리하여 물이 새는 누수율을 낮추고, 물의 활용도를 높이는 것이 우선이다. 해마다 시에서 누수탐사용역을 하는데 적합한 예산을 세워 정책을 잘 운영해야 할 것이다.

소위 중수도정책을 잘 계획하여 성남을 물 순환도시를 만들어야 한다. 그러기 위해선 하수관이 매우 중요하다. 나는 하수관 정비 정책을 위해 아파트 단지 정화조에도 들어가 보았다. 주변 사람들이 3일 동안 나한테서 똥냄새가 난다고 거리를 두기까지 했다. 내 코에도 냄새가 계속 났으니 남들에겐 얼마나 심하게 냄새가 났으랴.

빗물, 버리는 물 등 모든 물의 소중함을 다시 한 번 인식하고 좋은 물을 공급하여야 한다. 예를 들면 그 물들을 모아 농업용수, 공업용수로 재활용할 수 있다. 수질복원과에서 물의 질을 복원해서 다시 사용할 수 있는 시스템을 갖춰나가야 한다.

우수관을 통한 빗물과 오수관을 통한 버리는 물이 하수관을 통해 만나게 되는데 합류방식과 분류방식으로 나눌 수 있다. 수정구와 중원구는 합류방식이고, 분당이나 판교 같은 곳은 분류식이다. 문제는 미국 같이 땅이 넓은 나라는 관을 크게 만들 수 있어 합류식이라도 빗물과 똥물이 확 쏠려나갈 수 있지만 우리나라 합류식 관은 그리 크게 만들지 못해 하수관에서 악취가 나기 쉽다. 게다가 우리나라는 비가 많이 오는 나라가 아니다. 세계적으로 물 부족국가에 속한다고 한다. 게다가 땅은 좁고, 따라서 하수관도 좁다. 오물로 인해 관이 막히면 악취가 나는 곳이 한두 군데가 아니다. 지역에서 악취가 나면 주민들의 생활이 불편해진다. 지방단체장과 지방의원들이 주민의 행복을 위해 물 관련 정책을 잘 펼쳐서 어떤 방식으로든지 해결해야 되지 않겠는가.

지방자치단체 차원에서 물관리정책 네트워크를 구성하여 출발하는 것은 흔치 않은 일이었고, 사실 쉽지 않은 일이었다. 사실 그 당시 '성남시 맑은 물 사업소'를 통해 맑은 물 관리정책이 시행되었다. 그러나 투입예산만큼 효율성과 효과성이 미약하여 물 관리정책이 근본적으로 개혁되어야 한다고 생각했다. 나는 성남시의 먹는 물과 버리는 물, 그리고 빗물 자원 순환도시로 만들어 시민들의 물 복지를 증진해야겠다고 생각했다.

그래서 의회에 '경기도 성남시의회 물관리정책포럼'을 만들었다. 회장은 내가 맡았다. 당연히 혼자서는 불가능한 일이었다. 물 생명의 지속가능성을 위해 학계, 물 관련 공무원, 의회 의원들, 기업, 시민사회단체들이 네트워크를 이루어 통합적 대응과 물 자원 순환도시 만들기에 힘을 모았다. 그러나 순진한 시도였음을 곧바로 알 수 있었다. 일개 시의원의 정책적 영향력은 쉽게 받아들이지 못하는 소극성으로 많은 이들을 실망케 하였다. 그러나 정책을 받아들이려는 일부 공무원들의 노력은 높이 살만했다.

이러한 한계가 있었지만 성남물정책 네트워크는 정부의 물정책의 지방화에 대한 한계를 지적했고, 성남시 실정에 맞는 먹는 물과 버리는 물 정책의 효율적 관리를 촉구했다. 또 탄천물과 빗물 재이용에 대한 물순환정책에 대한 포럼 개최와 세미나는 물에 대한 이해를 돕는 새로운 정책시도라는 점에서 잊지 못할 역사였다.

6대 성남시의회에 첫 연구단체인 산업과복지포럼을 물관리정책포럼으로 전환하여 지속적인 연구를 함께 했다. 대한민국 최고의 전문가인 단국대 현인환 교수와 한국건설가술연구원 이현동 박사, 홍익대 김응호 교수, 신구대 박창언 교수, 을지대 채수권 교수, 전해복 셈즈 회장 등이 큰 힘이 되었다. 지금도 변함없이 물 정책에 대한 지식과 정보를 전해주시는 고마운 분들이다.

2013년, 각계의 도움을 받아 경기도 성남시의회 물관리정책포럼은 '성남시 상수, 하수, 탄천, 빗물 재이용 등 합리적 운영 방안'을 주제로 1차 연구를 마무리하는 보고서를 발간했다. 나를 비롯해 마선식 의원, 윤창근 의원, 정기영 의원, 이윤우 의원, 조정환 의원, 강상태 의원 등 7명의 의원이 참여했으며 현인환 교수, 이현동박사, 김응호 교수, 박창언 교수, 채수권 교수 등이 물 관련 전문가로 힘을 보탰다.

연구보고서에선 상수도에 대해 높은 유수율, GIS관망도 신뢰도 저하, 관망블록의 부적절, 시설운영 및 유지관리 부적절 등 총체적인 문제를 안고 있기 때문에 관산학연이 총출동해 상수도에 대한 기술진단이 필요하다고 제언했다. 또 하수도에 대해서는 악취방지, 방류수 재이용, 슬러지 자원화, 중수도 보급 확대, 중소규모 하수처리시스템 보급 확대, 지역별 하수 분산 처리, 하수처리시설 민간위탁 등을 제언했다.

지난해 말 성남시의회 경제환경위원회 2014년도 맑은물관리사업소 예산 심의에서 시 집행부가 요구한 하수처리시설 민간위탁 예산에 대해 심의하던 중 시의원의 질의에 맑은물관리사업소장이 부적절한 답변을 하는 등 물의를 일으켜 성남시부시장이 상임위원회에 출석해 유감을 표명하는 진통을 겪으며 삭감된 바 있다.

나는 물순환 개선에 대해서는 탄천의 건천화 정도 파악 등 구체적인 데이터 구축이 우선돼야 한다며 정확한 데이터도 없이 추진하고 있는 성남시의 주먹구구식 물관리 행정에 일침을 가했다. 또한 "성남시 최초로 시작된 연구단체이기 때문에 만족할만한 성과를 내지는 못했지만 수년 전부터 문제가 제기돼 온 성남시 물 관리 정책을 개선할 수 있는 시금석이 되길 바란다"면서 "의회 차원의 지속적인 연구활동과 더불어 연구를 통해 도출된 과제를 시민, 전문가, 공무원 등 다양한 분야와 공유해 나가겠다"는 강력한 의지를 피력했다.

조홍식
_서울대 사회복지학과 교수, 서울대 교수협의회 회장

" 이 책은 사회복지학을 전공한 지방정부 의회 의원이 15년 동안 지역
복지 실천 활동을 꼼꼼히 잘 기록한 지역사회복지에 대한 실천사례
집이라 할 수 있다. 무엇보다도 이 책은 진솔한 한 개인의 삶과 관련
되어 여러 역경과 고난 속에서 일궈낸 생생한 체험을 가감 없이 보여
주기에 독자로 하여금 두터운 공감을 갖도록 해 준다.
나아가서 지역사회의 복지실천에 대한 이론과 실제를 잘 결합하여
제시해 줘 한국 지역사회복지의 발전에 기여하는 길잡이 역할을 톡
톡히 해 주고 있다. 그러니 한국 지역복지 실천에 관심을 갖는 사회복
지사, 빈민운동가, 지역 활동가뿐만 아니라 이 분야에 관심을 갖는 지
방의회 의원들과 학생들에게 감히 일독을 권한다. "

성남을 쇼핑하라!

- 의료관광산업 활성화

시에 돈이 많아야 시민들에 대한 복지혜택이 많아지는 건 삼척동자도 다 아는 일이다. 시가 부자가 되려면 세금을 많이 걷어야 하고, 지속가능한 세수를 확보하기 위해선 기업하기 좋은 도시로 만들어야 한다. 안타깝게도 민선 5기 때까지만 해도 버는 쪽엔 관심이 별로 없고, 오직 이미 확보된 예산을 쓰는 데만 열심이었다.

얼마 전 성남시립의료원을 착공했으므로 이제 성남 의료도 타 도시에 밀리지 않는다고 자부한다. 성남엔 공공형 시립의료원, 민간형 서울대병원, 보바스병원, 차병원 등 고급 의료기술이 풍부하고, 피부과, 성형외과 등 거점 의료병원도 꽤 많아 풍성한 자원이 마련되어 있다. 혹자는 "시립의료원은 적자병원 아니냐?"고 시비 걸지 모르지만 우리가 행정체제를 잘 갖추면 타지역 환자들, 외국인 환자들의 합리적인 수용으로 흑자병원이 될 여지가 충분하다. 의료기술의 중요성을 시가 인정하고 지원해주면 병원들은 해외 마케팅에도 신경을 쓰게 될 것이고, 성남의 인지도는 더욱 더 올라갈 수 있다. 서울 강남구는 성형외과를 중심으로 Beauty사업이 활성화 되었다. 성남에도 65개의 선도적 등록 의료기관이 있고, 6개의 외국인 환자 유치 기업도 있다. 성남이라고 안 될 게 뭐가 있는가?

얼마 전, 대전광역시는 몽골과 보건의료분야 협력을 강화했다. 충청남도 역시 의료관광사업을 본격 추진하여 작년도의 경우 외국인 환자가 997명이 방문하였는데 이는 전국 1.2%의 수준이었다. 충청남도는 전담반을 신설해서 천안·아산을 중심으로 의료관광 활성화 계획을 시행하고 있다.

나는 성남시를 국제적인 의료관광산업의 중심지로 만들기 위해 새로운 재정 확충 방안을 모색해왔다. 성남시엔 기존의 분당을 중심으로 한 대학병원, 우수한 의료 인력을 갖춘 종합병원이 있으며 2017년에 문을 열 질 좋은 의료진을 갖춘 시립의료원과 위례신도시의 메디바이오 조성계획이 있다. 또한 중앙정부의 공기업 이전에 따라 구 토지공사와 주택공사, 도로공사 등의 자리를 활용하여 메디바이오밸리와 의료시설들을 접목하여 연계 활용할 방안이 마련되어 있다. 성남엔 이미 외국인을 상대로 삼삼오오 치과, 피부과, 성형외과, 척추관련 병원 등이 외국인들을 상대로 의료 활동을 펼쳐왔다. 그러한 바탕 위에 새로운 인프라가 구축되고 있고, 기존 시설들도 더욱 경쟁력 있는 의료관광을 수행할 정도의 바탕을 이루고 있다.

더구나 외국인들이 볼 때, 남한산성을 비롯 다양하고 이국적인 휴식공간이 있고, 다양한 쇼핑문화까지 보유하고 있는 곳이 바로 성남이다. 이 정도면 현재 의료관광을 주도하고 있는 부산광역시 서면 일대와 비교해도 뒤지지 않는 조건이다. 성남시 분당의 경우는 이미 야탑을 중심으로 종합병원과 이름 있는 의원들이 짧은 동선으로 연결되어 있다. 대형호텔이 있는 강남과 지하철로 20분 거리에 위치하여 의료관광의 천혜의 요새와 같은 입지 조건을 갖추고 있다. 이제 남은 것은 이를 잘 이루게 할 시스템을 구축하는 문제이다.

의료관광의 하드웨어인 병원, 의원과 쇼핑시설은 구축되어 있다. 숙박시설은 공기업 이전용지를 유력하게 활용할 방안과 이를 운용할 소프트웨어를 마련하면 된다. 사실 의료통역 코디네이터의 자격검정 시스템도 성남시가 발원지 아닌가. 성남시가 자매도시인 중국의 심양시와 돈독한 우의를 다져온 것도 기회요인이다. 중국 외에도 성형외과를 선호하는 일본, 러시아, 우즈베키스탄, 몽골 등 의료관광 교류를 확대할 수 있는 대상도 아주 많다.

이러한 의료관광 사업이 갖는 가장 큰 의미는 의료관광벨트화를 통해 큰 경제적 효과를 기대할 수 있는 점이다. 또한 교육 분야, 청년취업 등 자연스럽게 경제적 부가가치와 제반 문제점을 해결하는 시너지 효과도 이룰 수 있다. 궁극적으로 성남시 재정의 새로운 재원으로 충분한 역할을 할 것이라 나는 확신한다.

성남시가 현재에 머물 것이냐 아니면 새롭고 창의적인 사고로 미래를 준비할 것이냐에 따라 결과는 확연히 달라질 수 있다는 점을 나는 강조한다. 나는 성남시 집행부에 의료관광산업에 대한 전략적 판단과 중단기 인프라 구축에 대한 대책을 세울 것을 주장했다. 간단히 말해 자원은 있는데 통합시스템이 없으니 담당부서를 지정하고 의료관광사업을 지원하자는 내용이었다. 시장도 좋은 의견이라 동조하며 타당성 용역조사를 하자고 결정되었다. 2013년 1월엔 시장의 지시에 의하여 보건위생과 보건정책팀에 의료관광 업무분장이 되었다. 2010년 공론화되기 시작한 의료관광활성화는 2013년 '의료관광활성화지원조례'가 제정되었고, 2014년 의료관광활성화 예산이 편성되었다.

의료만 가지고는 안 된다. 관광도 돼야 한다. 수많은 외국인들의 종합검진도 시스템적으로 가능해져야 하고, 그들이 며칠을 즐기며 먹고자야 하고, 많은 것을 보고 즐기며 관광을 해야 한다. 이재명 시장도 몸소 호텔건립추진위원장을 맡아 판교에 호텔을 유치하자는 것도 같은 차원이라 박수를 쳐주고 싶다. 성남에 많은 모텔들도 대폭 개량하여 호텔로 승격시키고, 재래시장도 활성화시켜 훌륭한 관광자원으로 거듭나게 해야 할 것이다.

내가 의료관광활성화를 주도하였지만 갈 길은 아직 멀었다. 관광객들의 숙소 마련, 관광자원 확보에 더욱 매진해나가야 할 것이다. 손 놓고 앉아서 되는 일은 없다. 뿌린 자가 거두는 법이다. 이것이 내가 짊어지고 가야할 나의 사명 중 하나이다.

흙을 누리는 즐거움

– 도시농업활성화 및 지원조례

성남시민들 중엔 텃밭을 이용하여 친환경농산물을 재배하면서 생산과 여가활동을 하는 사람들이 많다. 그러나 이러한 텃밭이 효율적이고 체계적으로 운영하기 위한 관리가 미흡할 뿐 아니라 농사기법에 대한 기술지도 또한 체계적이지 못했다.

성남시엔 다른 도시와 달리 '도시농업활성화위원회'가 있다. 나는 3년간 그 위원회 위원장이었다. 시장이 임명하는 직책이다. 시유지든 사유지든 도시 안에서 텃밭농사, 베란다텃밭, 자루텃밭, 학교텃밭 등 땅을 이용해 농작물을 키우는 즐거움, 수확의 즐거움, 함께 키워 나누는 소통의 즐거움은 또 하나의 주민복지라 할 수 있겠다. 시가 재정적, 제도적, 행정적 지원을 통해 성남시민들에게 행복을 더해주자는 것이 근본 취지이다. 시 소유의 빈 땅에 사용허가를 내주고 농산물 종자 지원, 농기구 지원 등을 해준다면 좋아할 시민들이 얼마나 많겠는가. 게다가 도시농업팀을 만들어 도시농업학교를 통해 농사법 이수 등 교육 지원을 해준다면 더욱 좋을 것이다.

예를 들어 실버농장이라고 시민단체, 사회인단체들이 노인들에게 자투리공간을 제공해주는 곳이 많은데 노인들에게 큰 기쁨을 주고 있다. 박원순 서울시장도 콘크리트 뉴타운 건설 대신 가능한 한 친환경적 정책을 통해 나름대로 많은 호응을 받고 있다. 자연을 그리워하는 현대인들에게 자연을 누리게 해주는 일은 참 좋은 일이다.

　　나도 여수동에 사유지 10여 평을 빌려 농사를 짓고 있다. 도라지, 고추, 토마토, 토란, 당근, 고구마, 배추, 무 등 계절에 맞는 다양한 농사를 지어 수확하고 그 농산물을 이웃과 나눈다. 뿌릴 때도, 키울 때도, 거둘 때도 그 즐거움이 여간 큰 것이 아니다.

나도 아내와 함께 텃밭농사를 통해 수확의 기쁨을 누리고 있다.

나는 신재근씨와 함께 '성남도시농업포럼'의 고문도 맡고 있다. 신재근씨는 학원을 하던 분인데 도시농업과 관련하여 사회적 기업에도 뜻이 있는 분이다. 세상엔 이런 분들도 있는데 도시공간을 녹색공간으로 만들어 시민들이 참여함으로써 더욱 행복한 성남을 만들어가야겠다.

도시 근교 텃밭 이용을 통한 친환경적 농사체험은 물론 여가활동을 통해 행복하고 건강한 삶을 영위할 수 있도록 하기 위한 조례 제정을 추진하여 '성남시 도시농업 활성화 및 지원조례'를 발의하였다. 조례안은 성남시가 도시농업 활성화 계획을 수립하여 텃밭을 체계적으로 관리하도록 하고 도시농업 활성화 시책으로 도시농업팀을 설치하여 도시농업의 육성, 농업기술의 개발 및 보급을 추진할 수 있도록 하는 도시농업 활성화 추진위원회를 구성 운영한다는 내용이다. 또한 시장은 도시생태농업의 활성화와 지속적인 발전을 위하여 필요하다고 인정될 경우, 예산의 범위에서 도시농업의 기술 개발 및 상자텃밭의 보급사업 등에 대해 농업인·시민단체에 대하여 그 경비의 전부 또는 일부 보조금을 지원한다는 내용이다.

내가 대표 발의한 조례안은 제176회 성남시의회 임시회에 상정돼 용어상 몇 글자만 수정되어 가결되었다. 성남이라는 도시에서 텃밭을 도시농업으로 활성화시킬 수 있는 첫 근거가 되는 일이다.

건강한 군생활을 위하여

– 헬퍼포럼

2014년 7대 성남시의회가 구성되고 문화복지위원장으로 활동을 시작했는데, 22사단 총기난사 사건이 일어났다. 그뿐인가. 28사단에서는 구타 사망사건이 나는 등 군부대에서 경악할만한 사건·사고가 끊이지 않았다. 개인적으로는 동창생의 자녀가 총기 난사 사건으로 사망하여 더 큰 관심을 가지게 되었다. 군대 내 병사들의 인권과 복지문제는 일반 국민은 물론 예비입대자, 현 복무중인 군인과 그 가족들의 우려와 걱정 등이 사회적 문제로 대두되었다.

이래서는 안 될 일이다. 국민 여론도, 정치권에서도 이구동성으로 군부대 문화의 개선과 변화를 부르짖었다. 나도 자녀를 키우는 부모이다. 두고 볼 수만은 없었다. 그래서 군입대를 앞둔 자녀를 둔 성남시 부모들과 함께 나서서 자녀들의 '건강한 군 생활을 위한 헬퍼(Helper) 포럼'을 조직하였다.

성남시사회복지협의회가 중심이 돼 건강한 군(軍)생활을 유지하고,

입영설명회는 지자체 최초였을 것이다.

생명존중의 기치로 군인과 그 가족의 행복증진을 도모하고, 시민행복
증진에 기여하고자 제66주년 국군의 날을 앞둔 9월 30일 중원청소년
수련관 공연장에서 유관단체와 시민 200여명이 참석한 가운데 '건강
한 군 생활을 위한 포럼'을 개최했다.

청년들의 입영 전 마음가짐, 군생활의 적응을 돕고 전역 후 사회복
귀와 자립을 위한 지원시스템을 연구하였다. 지방의회에서 전국 최초

로 공군 출신 박도진 성남시의회 의원과 함께 성남시 군지역사회복지 촉진 및 지원조례를 제정하고 입영 상담 설명회를 개최하도록 하였다. 이를 시작으로 군 지역사회복지의 기틀을 마련하고 더 나아가서는 군 지역사회복지를 정착시킬 수 있는 계기가 되기를 간절히 희망하고 있다.

이날 포럼에 참석한 한국사회복지사협회 류시문 회장은 성남에서 전국 최초로 시작한 학교사회복지사 사업이 전국의 지자체로 확대된 것처럼 성남시에서 시작한 자녀를 안전하게 군에 보내기 위한 '헬퍼 포럼'을 통해 군 사례관리지원센터가 설립되어 전국으로 확대되기를 기대한다고 축사했다.

나는 기조연설을 통해 "성남시 자녀들의 건강한 군생활을 위해 예비 입대자 사전상담을 하고 교육, 체험, 군대 부적응자등을 관리 지원하는 등 군인들의 사회복귀를 도와줄 수 있는 복지생태계를 만들 수 있도록 하겠다"고 밝혔다.

한국군사회복지학회 이홍윤 회장은 '성남시민의 건강한 군(軍)사회복지 허브 구축 방안'에 대해, 김근아 교수는 '군사회복지 발전을 위한 민과 군의 역할'에 대해 발표했다. 주제 발표에 이어 김의태(성남시정신건강증진센터장, 분당서울대학교 신경정신과 교수), 장길웅(분당보건소 소장), 신지은(국군수도병원 사회복지사), 이대식(유한대학교 보건복지학과 겸임교수), 최복희(한국군사회복지학회 경기도지회 부회장), 김영환(성남시청소년상담복지센터 상담지원팀장)의

토론에 참가했다.

　성남시는 지역적으로 국군수도병원과 공군비행장이 위치한 군사요충지이다. 성남시의 자녀들뿐 아니라 외지의 많은 청년들이 성남에서 군생활을 하므로 우리가 관심을 가지지 않을 수 없다. 전국 최초로 자치법규 조례를 제정한 성남시의 모델이 전국적으로 퍼져나가기를 기대한다. 물론 우리 성남시부터 모범을 보여 나갈 것이다. 사회복지는 빈민복지만이 아니라 학교 복지 나아가 군사회복지까지 모든 계층을 아우르는 분야이다. 군사회복지는 군인이나 그 가족만이 아니라 지역사회와 협력하여 완성돼야 할 것이다.

성남시 10만 어르신들의 치매를 예방하라

– 건강한 노후를 위한 '성남시 치매예방 지원정책'

노인복지에 늘 관심을 기울여 왔다. 노인들이 가장 두려워하는 것은 치매이다. 치매는 당사자뿐만 아니라 가족에게도 큰 고통을 주는 질병이다. 그래서 내가 위원장을 맡고 있는 문화복지위원회에서 '성남시 치매 예방관리 및 지원 정책 및 조례 제정을 위한 간담회'를 개최, 시정과 시민의 관심을 환기시켰다.

간담회에는 성남시 사회복지협의회, 노인회, 인지발달 중재학회, 복지시설협회 등 관련 단체가 참석했으며 나혜리(성남노인보건센터장, 신경과전문의) 박사가 치매예방관리의 중요성에 대해 기조 발언했다. 성남시에 10만 명의 노인인구가 있는데, 치매선별전 조사와 함께 치매 예방 인지재활 프로그램을 활성화하고 이 프로그램을 적극적으로 보급, 확대해야 한다는 것이 나혜리 센터장의 주장이다.

100만 성남 인구 중 약 10.5%가 노인이다. 이 수치는 매년 4~5%씩

치매 간담회에서 인사말.

꾸준히 증가하고 있다. 여타 지역과 마찬가지로 성남시도 고령화 사회로 진입해가는 것이다. 지난 4년간의 노인인구 증가율이 15.8%인데 반해 치매 발병률은 23.7%로 훨씬 앞지르고 있어 심각한 상황이 아닐 수 없다.

나는 "인지저하로 인한 개인적 고통과 가족의 사회적, 경제적 부담을 줄이고 시민의 건강증진에 기여할 수 있는 치매예방 복지 프로그램을 활성화하기 위하여 치매 관련 조례가 꼭 필요"함을 역설하였다. 노인 복지정책은 시대와 상황에 맞춰 변화해야 한다.

　성남노인보건센터를 개설한지 12년이 되었다. 이제는 지역 특성에 맞는 치매예방 운동요법과 인지재활 컨텐츠도 개발되어 특허 출원할 정도로 노인복지보건에 대한 남다른 관심과 성과를 내오기도 했다. 개인적으로는 장인이 치매와 당뇨로 고통 받는 것을 보아왔다. 고령화 사회에 고비용의 의료비를 요양시설 등에 소비하는 것을 절감하는 방법은 예방적 노인복지 뿐이라는 소신으로 치매 예방 관련 조례 제정을 한 것이다.

자치분권지도자회의

- 자치분권운동

성남에 들어와 노점상 등 빈민운동에 몸담으면서 '생활자치'가 무엇보다 중요하다는 것을 깨닫게 됐다. 도시빈민지역의 이슈를 중심으로 조직 활동을 경험했던 내가 제도권인 지방의회에 들어온 이유도 시정과 시민들에게 빈민복지에 대한 관심을 환기시키고 생활자치 운동을 본격적으로 하고 싶었기 때문이다.

2015년 8월 같은 당 소속의 기초단체장, 지방의원 300여명이 '자치분권민주지도자회의'를 결성했다. 중앙정부, 여의도 중심의 정치에서 벗어나 지방자치와 지방분권을 활성화하자는 뜻이다. 나는 제종길 안산시장, 박승원 경기도의회 의원(광명3) 등과 경기도 공동대표가 돼 막중한 책임을 지게 됐다.

풀뿌리정치로 불리는 지방자치제도가 도입된 지 20년이 넘었다. 그러나 모든 권력은 중앙정부가 독점하고 있는 형편이고, 민주주의 실현의 근간이라 할 지방자치와 지방분권은 여전히 출발선에서 머뭇거리고 있다. 새누리당이 정권을 차지하면서 대통령은 제왕적이고 여의도 정치가 지방문제까지 좌지우지하는 것이 현실이다.

대전 서구청사에서 창립총회를 가진 자치분권민주지도자협의회는 이재명 성남시장이 긴급 제안한 '정부의 자치단체 세무조사권 박탈 반대' 긴급 결의안을 채택했다. 결의안을 제안한 이재명 시장은 "정부의 지자체 세무조사권 박탈은 지방분권을 역행하는 반헌법적 발상이며 조세 정의를 무너뜨리는 탈세 비리 조장 행위로 즉각 중단해야 한다"고 주장했다.

자치분권지도자회의는 발기선언문에서 "세월호와 메르스 사태를 통해 중앙집권적 시스템은 최종 사망선고를 받았다"고 밝히고 "오랜 기간 돌려막기로 버티고 고갈된 여의도 정치는 그 수명을 다했기에 지방 정치 스스로 희망의 싹을 틔우고자 한다"고 밝혔다. 중앙정부 주도의 중앙집권적 경제개발과 권력의 독점, 독재로 사회양극화와 지역불균형 현상으로 국민의 삶이 어려움에 처해있다. 그러므로 지방에서 먼저 논의하고 결정하는 직접 민주주의를 실현하자는, 다시 말하면 상향식 정치를 하자는 것이다.

자치와 분권의 가치는 지방자치제에서 매우 소중하다. 사회보장기본법에서 지방정부는 지방 실정에 맞는 지역복지계획을 수립하도 록 되어있다. 중복과 누락을 방지하고자 신규·변경·폐지 등을 보건복지부와 협의하도록 되어 있다. 그러나 지방교부세 시행령으로 통제하고 있다. 지방자치를 침해해서는 안 된다. 분권형 정당과 분권형 국가 개조가 필요하다.

두껍아! 두껍아! 새집 줄게 헌집 다오!

– 주거복지운동에 앞장

성남시 주거 취약 계층의 주거복지 향상에 기여할 주거복지행정시스템을 마련하는데 6, 7대 의회에서 열정을 다했다. 지난 시절 도시빈민 지역운동을 하면서 집 없는 설움 속에 고통 받던 철거민대책 운동에서 기인 한다. 기독교 도시빈민선교협의회와 천주교 도시빈민사목위원회 등을 따라다니며 상계동, 사당동 등지에서 강제철거에 전면 저항하는 운동을 함께하며 다진 결과이기도 하다.

결국 성남시의회 의원 최초로 2012년 6대 의회에서 성남시주거복지지원조례를 마선식 의원과 함께 대표 발의하였다. 7대 의회에서는 조례 개정을 통해 주거복지지원센터를 설치할 근거와 시에서 주거복지팀과 성남시 주거복지기본계획을 5년 단위로 수립하도록 하여 성남시 주거 취약 계층의 최저 주거 기준을 마련 삶의 질 향상에 기여하도록 했다.

성남시는 주택과에서 영구임대아파트 사업과 기존주택 매입 임대주택사업을, 사회복지과에서 저소득 생활안정전세자금대출, 해피하우스 전세임대, 다해드림 취약계층 주거안정지원사업을 진행하고 있으며 복권기금을 활용한 임대사업, 주택기금을 활용한 저소득가구 전세자금 대출사업 등에도 힘을 쏟고 있다. 그러나 영구임대 사업의 경우 물량은 적고 수요는 많은 문제가, 전세임대의 경우는 전세값의 상승에 따른 시세와 현격한 차이가 나는 문제 등이 있어 대책마련이 시급한 실정이다.

성남시는 성남지역 취약계층에 대한 주거실태조사를 정기적으로 실시하여 주거복지 기본계획의 수립과 이에 따른 연도별 시행계획을 마련할 계획이다, 특히 개정조례안은 주거복지지원센터를 설치하여 주거복지의 공공성강화, 민간 복지자원 발굴 등 연계서비스를 체계화하는데 주안점을 두고 있다.

내가 대표 발의한 주거복지지원조례는 앞으로 성남시 임대주택 1만 호 건설 계획과 맞물려 주거복지전달체계가 민·민, 민·관의 업무협력을 통한 성남시민들의 주거권을 보장함으로서 인간다운 주거생활에 기여하도록 한 것이다.

청소년행복의회
– 청소년의 구성 및 운영 조례 대표 발의

시의원으로 활동하면서 아동 및 청소년 친화도시 성남을 위한 청소년 의회 구성 및 운영조례 제정에도 온힘을 쏟았다. 이는 사회복지사 출신으로서 청소년 문제는 곧 우리 미래의 문제라는 인식 때문이다. 그래서 청소년 기본법에 따라 안전·교육·환경·문화·인권 등 청소년 자신에게 미치는 정책 사안을 스스로 논의하고 참여할 수 있도록 '청소년 의회구성과 운영'에 관한 사항을 규정하는 조례를 대표발의 하였다.

이는 성남시 20만 청소년들의 '참여와 자치권'을 확대하는 길을 터준 것인데 결과적으로 청소년들에 대한 민주시민 교육과 행복한 도시 성남을 만드는데 큰 기여를 할 것으로 기대하고 있다. 청소년도 사회의 구성원으로 인정받고 적극적으로 참여하는 '청소년 참여의 시대'를 만든 것이다

이미 프랑스·벨기에·독일 등 세계의 많은 선진국들이 어린이·청소년 의회를 운영하고 있고 유엔아동권리협약 제12조에서는 '당사

국 정부는 모든 아동이 자신에게 영향을 미치는 사건에 대해 의견을 말할 권리를 보장하여야 하며, 아동의 견해에 정당한 비중을 두도록 해야 한다.'고 규정하여 아동의 참여권을 보장하고 있다. 우리나라는 1991년 유엔에 가입하면서 이 협약을 비준하여 조약당사국이다.

성남시는 이를 통해 유니세프 아동 친화도시로 인증을 받을 준비를 하도록 하였다. 2015년에는 '성남시 청소년행복의회'를 45명으로 구성하였다. 성남시 청소년행복의회 구성과 진행은 재단법인 청소년재단이 맡도록 하였으며 청소년의원들의 활발한 자치활동으로 참신한 제안들이 제시되어 청소년들이 스스로 행복한 세상을 만드는 주역들이 돼 기쁘다.

최근 아동학대가 큰 이슈가 돼 국민 모두가 걱정이 많다. 아동은 어떤 종류의 차별도 받아서 안 되며, 정부는 아동의 이익을 최우선으로 고려해야 한다. 좀 길지만 유엔아동권리협약 전문을 인용하는 이유다.

유엔아동권리협약

제1조
아동의 범위는 특별히 따로 법으로 정하지 않는 한 18세 미만까지로 한다.

제2조

모든 아동은 인종이나 성별, 종교, 사회적 신분 등에 따른 어떤 종류의
차별로부터도 보호받아야 한다.

제3조

당사국 정부는 아동의 이익을 최우선으로 고려하여 정책을 수립하고
시행해야한다.

제4조

당사국 정부는 본 협약이 인정한 아동의 권리 실현을 위해 적절한 행
정적, 입법적 조치를 취하여야 한다.

제5조

당사국 정부는 아동의 부모, 또는 보호자가 아동의 능력 발달에 맞도
록 적절한 감독과 지도를 행할 책임을 가지고 있음을 존중해야 한다.

제6조

모든 아동은 생명을 존중 받을 권리를 가지고 있으며, 당사국 정부는
아동의 생존과 발달을 최대한 보장해야 한다.

제7조

모든 아동은 이름과 국적을 가질 권리를 지니며, 부모가 누군지 알고,
부모로부터 양육 받을 권리를 지닌다.

제8조

당사국 정부는 이름과 국적, 가족관계 등 아동의 신분 보장을 위해 필
요한 사항들을 법률로써 보장해야 한다.

제9조
모든 아동은 아동의 이익이 침해당하는 경우가 아닌 한 부모와 함께 살 권리를 지니며, 부모와 떨어져 살 경우 부모를 만날 권리를 가진다.

제10조
당사국 정부는 아동 또는 부모가 서로간의 면접을 위해 출국이나 입국을 신청할 때 이를 신속히 받아들여 부모와 자녀간에 관계를 유지할 수 있도록 보장하여야 한다.

제11조
당사국 정부는 아동의 불법 해외 이송 및 강제 해외 체류를 막기 위해 협정체결 등의 조치를 취해야 한다.

제12조
당사국 정부는 모든 아동이 자신에게 영향을 미치는 사건에 대해 의견을 말할 권리를 보장하여야 하며, 아동의 견해에 정당한 비중을 두도록 해야 한다.

제13조
모든 아동은 표현의 자유를 지니며, 국경과 관계 없이 모든 종류의 정보와 사상을 접하고, 전달한 권리를 가진다.

제14조
모든 아동은 사상과 양심, 종교의 자유를 가진다.

제15조
모든 아동은 평화로운 결사와 집회의 자유를 가진다.

제16조

모든 아동은 가족이나 가정, 통신 등 사생활에 있어 위법적인 간섭을 받지 않을 권리와 명예에 대하여 위법적인 공격을 받지 않을 권리를 지닌다.

제17조

모든 아동은 국내와 국외로부터 필요한 정보를 얻을 수 있어야 하며, 대중 매체는 아동에게 유해한 정보를 지양하고 이익이 되는 정보만을 제공해야한다.

제18조

부모는 아동 양육에 공동 책임을 져야 하며, 당사국 정부는 부모가 이러한 책임을 다하도록 지원해 주어야 한다.

제19조

모든 아동은 폭력과 학대, 유기로부터 보호받아야 하며, 당사국 정부는 아동학대를 막고, 학대로 고통받는 아동을 보호하기 위한 조치를 취해야 한다.

제20조

당사국 정부는 가족이 없는 아동에게 양부모나 보호시설 등을 제공해서 특별히 보호해야 하며, 시설을 선택할 때는 아동의 인종이나 종교, 문화적인 배경을 충분히 고려해야 한다

제21조

입양제도를 인정할 경우 당사국은 입양을 결정함에 있어 아동의 이익을 최우선적으로 고려해야 하며, 권위 있는 관계당국에 의해서만 입양

이 이루어지도록 보장해야 한다.

제22조
당사국 정부는 난민아동이 특별한 보호를 받을 수 있도록 적절한 조치를 취하여야 한다.

제23조
당사국은 장애아동이 인격을 존중받고 자립하여 사회 참여를 할 수 있도록 특별한 보호와 교육을 제공하여야 한다.

제24조
당사국 정부는 아동이 최상의 건강 수준을 누릴 수 있도록 아동에게 적절한 보건서비스를 제공해야만 한다.

제25조
당사국 정부는 보호나 치료의 목적으로 관계당국에 의해 양육 지정된 아동의 양육 상태를 정기적으로 심사하여야 한다.

제26조
오든 아동은 사회보험을 포함, 사회보장제도의 혜택을 받을 권리를 가진다.

제27조
모든 아동은 신체적, 정신적, 사회적 발달에 적합한 생활 수준을 누릴 권리를 가진다. 부모는 아동의 발달에 필요한 생활 여건을 확보하는 1차적 책임을 지며 당사국 정부는 부모가 책임을 완수하도록 보장하여야한다.

제28조

당사국 정부는 모든 아동이 균등한 교육의 기회를 가지고 있음을 인정하고 초등교육을 의무화해야하는 한편 중등교육과 고등교육의 발전을 위해 적절한 조치를 취하여야 한다.

제29조

교육은 아동의 인격 및 재능, 정신적, 신체적 능력을 최대한 개발하는 방향으로 행해져야 하며, 아동들이 모든 관계에 있어 이해와 평화, 관용, 평등, 우정의 정신에 입각해 책임있는 삶을 준비해 나가도록 행해져야 한다.

제30조

소수민족의 아동은 그들 자신의 문화와 종교를 누리고, 고유의 언어를 사용할 권리를 가진다.

제31조

모든 아동은 적절한 휴식과 여가 생활을 즐기며, 문화 예술 활동에 참여할 권리를 가진다.

제32조

모든 아동은 경제적으로 착취당해서는 안되며, 건강과 발달을 위협하고 교육에 지장을 주는 유해한 노동으로부터 보호받아야 한다.

제33조

당사국 정부는 마약 등의 약물로부터 아동을 보호하여야 하며, 약물의 생산과 거래에 아동이 이용되는 것을 막기 위하여 모든 적절한 조치를 취하여야 한다.

제34조

당사국 정부는 모든 형태의 성착취와 성폭력으로부터 아동을 보호할 의무를 지며, 의무 이행을 위하여 아동을 성적으로 이용하는 모든 행위를 방지하기 위한 조치를 취하여야 한다.

제35조

당사국 정부는 아동을 대상으로 한 모든 형태의 약취유인이나 매매, 거래를 방지하기 위한 조치를 취하여야 한다.

제36조

당사국 정부는 아동복지에 해가 되는 모든 형태의 착취로부터 아동을 보호하여야 한다.

제37조

모든 아동은 고문이나, 잔혹행위, 위법적인 체포나 구금, 사형이나 종신형 등의 형벌로부터 보호받아야 한다. 당사국은 구금된 아동을 성인 수감자와 격리시켜야 하며, 가족과 접촉할 권리, 신속하고 적절한 법적 판결을 받을 권리를 보장해 주어야 한다.

제38조

15세 미만의 아동은 군대에 징집되어서는 안되며, 분쟁지역의 아동은 특별한 보호를 받아야 한다.

제39조

당사국 정부는 무력분쟁과 고문, 학대, 폭력 등을 경험한 아동의 신체적, 정신 회복 및 사회복귀를 촉진하기 위한 모든 조치를 취해야 한다.

제40조

당사국 정부는 형법상 유죄로 인정받은 모든 아동이 사회에 복귀하여 건설적인 역할을 담당하도록 하기 위하여 인권과 타인의 자유에 대해 존중하는 생각을 키워주고 공정한 재판을 받도록 보장해 주어야 한다.

4, 5, 6, 7대 자치법규 입법 활동 대표발의 조례목록

성남시 학교급식지원에 관한 조례
제정 2005.03.21 조례 제1976호

성남시의회 의원연구단체 구성 및 운영 조례
제정 2008.11. 7 조례 제2273호

성남시경로당 운영 및 지원에 관한 조례
제정 2008.11.17 조례 제2270호

성남시 노인급식 지원에 관한 조례
제정 2009.06.29 조례 제2327호

성남시 저소득세대 국민건강보험료 지원에 관한 조례
제정 2009.10.05 조례 제2362호

성남시 도시 재생을 위한 친환경 하수처리 및 물의 재이용촉진위원회조직·운영
에 관한 조례
제정 2009.10.05 조례 제2371호

성남시 전통시장 및 상점가 활성화위원회 설치 및 운영에 관한 조례(지관근, 최만식)
제정 2008. 09. 22 조례 제2262호

성남시 사회복지종합정보센터 설치 및 운영 조례
제정 2008.11.17 조례 제2269호

성남 고령친화종합체험관 운영 및 지원에 관한 조례
제정 2009.12.24 조례 제2383호

성남시 공공디자인 조례
제정 2010.01.11 조례 제2397호

성남시 공동브랜드 관리 조례
조례 2011.11.14 조례 제2515호

성남시 지식산업센터 육성 및 지원에 관한 조례
제정 2011.11.14 조례 제2516호

성남시 도시농업 활성화 및 지원 조례
제정 2011.03.21 조례 제2468호

성남시 주거복지 지원 조례(지관근, 마선식)
제정 2012.03.12 조례 제2547호 시행 2015.12.18

성남시 공동생활가정 지원에 관한 조례
제정 2013.10.07 조례 제2742호 시행 2013.10.07

성남시 학교사회복지 활성화 및 지원에 관한 조례(지관근, 최만식)

성남시 무형문화재 보존 및 지원에 관한 조례(지관근, 강상태)
제정 2013.11.13 규칙 제1729호 시행 2013.11.13.

성남시 의료관광 활성화에 관한 조례
제정) 2013.08.02 조례 제2731호

성남시 공예산업 활성화 및 육성에 관한 조례(지관근, 김선임)
제정 2013.11.13 조례 제2763호 시행 2014.02.13

성남시 청소년행복의회 구성 및 운영에 관한 조례
제정 2014.11.10 조례 제2812호 시행 2014.11.10

성남시 군(軍) 지역사회복지 촉진 및 지원에 관한 조례(지관근, 박도진)
시행 2015.03.04

성남시 사회복지협의회 지원 조례(지관근, 안광환)
시행 2015.03.04

성남시 관광진흥에 관한 조례
제정 2014.12.15 조례 제2841호 시행 2015.07.27

성남시 치매예방관리 및 지원에 관한 조례
제정 2015.07.27 조례 제2902호 시행 2015.07.27

성남시 아동 친화도시 조성 조례(지관근, 김해숙)
제정 2016.05.30

성남시 청소년 노동인권 보호 및 증진 조례(지관근, 최승희, 노환인)
제정 2016.05.30

국립중앙도서관 출판시도서목록(CIP)

함께 하실래요, 복지요리 : 도시 빈민의 친구에서 지방의회
15년 지관근의 성남에서 성남 찾기 / 지은이: 지관근. —
파주 : 유리창, 2016
    p. ;   cm

ISBN 978-89-97918-19-5 03330 : ₩15000

복지 활동[福祉活動]
수기(글)[手記]

338.04-KDC6
361.002-DDC23   CIP2016022303

이 도서의 국립중앙도서관 출판예정도서목록(CIP)은 서지정보유통지원시스템 홈페이지
(http://seoji.nl.go.kr)와 국가자료공동목록시스템(http://www.nl.go.kr/kolisnet)에서
이용하실 수 있습니다.(CIP제어번호: CIP2016022303)

함께 하실래요? 복지요리

도시 빈민의 친구에서 지방의회 15년
지관근의 성남에서 성남 찾기

1판 1쇄 인쇄 2016년 10월 4일
1판 1쇄 발행 2016년 10월 10일

지은이 지관근
펴낸이 우좌명
펴낸곳 출판회사 유리창
출판등록 제406-2011-000075호(2011.3.16)
주소 10881 경기도 파주시 문발로 115, 402호(문발동, 세종출판타운)
전화 031-955-1621
팩스 0505-925-1621
이메일 yurichangpub@gmail.com

© 지관근 2016

ISBN 978-89-97918-19-5 03330